嫉妒等于无知，模仿无异于自杀，一个人不管好坏，必须把自己看做自己的命运，虽然广阔的宇宙不乏善举，可是若不在自己得到的那块土地上辛勤耕耘，一粒富有营养的粮食也不会自行送上门来。蕴藏在他身上的力量实际上非常新奇，因此除他而外，谁也不知道他有什么本领，而且不经过尝试，连他自己也不知道。一张面孔，一个人物，一件事实，给他留下了深刻的印象，给另一个人却没有留下任何印象，这不是平白无故的。记忆中的这种雕刻不能不说没有前定的和谐。眼睛被安置在一道光线应当照到的地方，这样它才可以看到那道光线。我们还不能充分表现自己，而且对我们各自所代表的那种神圣的观念感到惭愧。完全可以认为，这种观念非常适当，一定会产生良好的结果，因此应当忠实地传达，不过上帝是不愿意让懦夫来阐明他的功业的。一个人只有尽心竭力地工作，方能感到宽慰和欢乐；如果他说的或做的并非如此，他将得不到安宁。那是一种没有解脱的解脱。还在尝试之中，他的天才就抛弃了他，没有灵感眷顾，没有发明，没有希望。

　　信赖你自己吧：每一颗心都随着那根铁弦颤动，接受神圣的天意给你安排的位置。接受你的同时代人构成的社会，接受种种事件的关联。伟大的人物向来都是这么做的，而且像孩子似的把自己托付给他们时代的精神，表明自己的心迹：绝对可信的东西就藏在他们的心里，通过他们的手在活动，在他们的存在中起着主导作用。我们现在都是成人，必须在最高尚的心灵里接受那相同的超验命运；我们不是躲在保险角落里的幼儿和病夫，也不是在革命前临阵脱逃的懦夫,我们是领导,是拯救者,是恩人,听从全能者的努力,向着混沌和黑暗挺进。

　　小孩子不愁没有饭吃,而且像贵族老爷一样不屑于做点什么或说点什么去讨好他人,这种泰然自若的气质正是人性的健康态度。孩子在客厅里如同剧院廉价座位上的观众,没有约束,不负责任,躲在自己的角落里观察着那些从眼前经过的人和事,以孩子的迅速、简要的方式对他们的功过审讯,宣判,他们有的好,有的坏,有的十分有趣,有的傻里傻气,有的能言善辩,有的令人讨厌。他不考虑后果,不计较得失,所以能做出一种独立、真诚的裁决。你得讨好他,他却不讨好你。可是成年人则不然,可以说他被自己的意识关进了监狱。他一旦有什么显赫的行动或言论,当下就等于身陷樊笼,成千上万人在注视着他,有的同情,有的愤恨,他们的感情他不得不予以考虑。在这里没有忘川。他多想恢复他的中立地位啊!所以谁能避开这种种誓约,或者虽已履行,现在又能以原来那种不受影响、不囿偏见、不受贿赂、不畏强暴的纯真来履行,谁就一定令人敬畏。他常常对目前的事态发表看法,这些见解显然不是一己的私见,而是警世的通言,所以如雷贯耳,闻之生畏。

　　这些是我们离群索居时听到的声音,可是一旦我们进入世界,它们就逐渐微弱,乃至杳然无声了。社会处处都在密谋对抗每个成员的阳刚之气,社会是一家股份公司,每个成员达成

爱默生论人生

[美] 爱默生 (著)

蒲 隆 (译)

世纪文景

世纪出版集团 上海人民出版社

图书在版编目(CIP)数据

爱默生论人生/(美)爱默生(Emerson, R.W.)著;
蒲隆译.—上海:上海人民出版社,2013
(名家论人生)
ISBN 978 - 7 - 208 - 11974 - 1

Ⅰ.①爱… Ⅱ.①爱… ②蒲… Ⅲ.①爱默生,
R.W.(1803~1882)-人生哲学 Ⅳ.①B712.41

中国版本图书馆 CIP 数据核字(2013)第 293876 号

世纪文景 出品

出 品 人 邵 敏
责任编辑 邵 敏 崔 琛
封面装帧 范乐春

爱默生论人生
(美)爱默生 著
蒲 隆 译

世纪出版集团
上海人民出版社出版
(200001 上海福建中路 193 号 www.ewen.cc)
世纪出版集团发行中心发行
常熟市兴达印刷有限公司印刷
开本 890×1240 1/32 印张 6 插页 2 字数 115,000
2014 年 1 月第 1 版 2014 年 1 月第 1 次印刷
ISBN 978 - 7 - 208 - 11974 - 1/I · 1209
定价 25.00 元

目录

论自信

　　一切美德都包含在自信里。学者应当自由——自由而勇敢。甚至对自由的定义也应当自由，"没有身外之物的羁绊。"勇敢；因为恐惧就是一名学者用职能抛在身后的东西。恐惧总是来自无知。如果在危难时刻，由于他认为，自己像妇女儿童一样属于受保护的阶层，所以镇定自若，或者如果他为了贪图一时安宁，他的思想避开政治或诸多令人头疼的问题，像鸵鸟一样把脑袋埋在花丛里，眼睛往显微镜里窥视，嘴里还在推敲诗韵，像个小孩吹着口哨来壮胆，那就是他的奇耻大辱。这样做，危险依然是危险；这样做，恐惧更加严重。让他像个男子汉回头面对吧。让他正视危险，究其性质，探其根源——看看这只狮子刚生下来时的情况——追溯之路并不太长；于是他会发现自己对它的性质和范围有着完全的理解；他会双臂一伸将它抱住，从此以后就对它颐指气使，不屑一顾了。**世界属于能看穿它的虚饰的人。**你看见的什么聋聩、什么陋习、什么大错，不都是由于容忍——由于你的容忍而得以存在？如果看出它是谎言，你就已经给了它致命的打击了。

　　不错，我们胆小怕事——我们没有自信。有种居心叵测的论调,说什么我们进入自然晚了,说什么世界早就完事了。世界过去在上帝手中软似面团,动如流水,所以,现在我们带给世界的实际上都符合上帝的属性。对于无知和罪孽,世界就是铁石。他们只能尽量去适应;然而依照一个人身上具有的神圣的东西,苍天在他面前流动,并盖上他的印记,采取他的形式。**伟大的不是能改变事态的人,而是能改变我的心态的人。**谁能把自己当前思想的色彩赋予一切自然和一切人工,并以自己行事的快乐平静使众人相信:他们做的这件事是千秋百代一直想摘的苹果,现在终于成熟了,并邀请各个民族共享成果,谁就是世界之王。伟人成就伟业。麦克唐纳坐在哪里,哪里就是首席。①林奈把植物学创建为最引人入胜的研究,把它从农夫和采药妇手中夺了过来;截维对化学,居维叶对化石,做出了同样的贡献。谁一天里心平气静,怀着伟大目标工作,这一天就属于谁。谁的心灵充满了真理,人们变化不定的评价便向谁涌去,就像大西洋的层层波浪都追随着月亮一样。

一旦我们开始探究自信的根由,一切原始行为所表现出来的那种魅力就迎刃而解了。那受信赖的人是谁? 一种普遍的依赖所基于的原始的"自我"又是什么? 那没有视差,没有可测元素,使科学为之茫然的星星把美的光芒甚至射进了猥琐卑劣的行为中,只要那里露出些微独立的痕迹,可它的性能是什么呢?这种探究使我们追本穷源,原来那既是天才的本质,也是美德和生命的本质之所在，我们称之为"自发性"或"本能"。我们把这种基本智慧叫做"直觉"，尔后的教导则都是"传授"。在那种深邃的力量、也就是无法分析的终极事实中，万事万物发现了它们共同的根源。因为生存感在静谧的时刻从灵魂里冉冉升起，我们却不知不觉；它跟万物，跟空间、跟光、跟时间、跟人不仅没有什么不同，反而跟它们合而为一，而且，显而易见也是从它们的生命与存在所产生的同一个根源上产生的。我们先分享万物赖以存在的生命，然后把万物看成自然界里的种种现象，而忘记了我们和它们具有同一个起因。这就是行动和思想的源泉。这就是产生赋予人智慧，只有不信上帝和无神论才予以否认的灵感的肺。我们躺在无边的智能的怀抱里，它使我们成为它的真理的接受器和它的活动的器官。当我们发现正义、发现真理时，我们不主动做任何事情，而只是让它的光辉通过而已。要是我们问这从何而来，要是我们企图窥探造成万物起因的灵魂，一切哲学就成问题了。它的存在或不存在就是我们能够证实的一切。每个人都可以区别他心灵的有意的行为和他的无意的知觉，而且知道一种绝对的信仰应归因于他那些无意的知觉。他也许在表达那些知觉时会出差错，可是他知道这些东西，就像白昼和黑夜一样，是不容争议的。我蓄意的行动与获得不过是在漫游罢了——毫无根据的幻想，最轻微的自然感情，驾驭着我的好奇和崇敬。没有思想的人在陈述知觉和陈述见解时同样容易产生矛盾，或者更容易产生矛盾；因为他们区分不了知觉和观念。他们满以为我想看见这件事就看见这件事，想看见那件事就看见那件事。然而知觉不是异想天开的，而是不可避免的。如果我看见了一种特性，我的孩子们随后也会看到，最后，全人类都会看到——虽然碰巧在我之前没有人看到过它。因为我对它的知觉如同太阳那样，是一件明晃晃的事实。

灵魂和神灵的关系非常纯洁，所以企图插足其间予以帮助反而有亵渎之嫌。

我们看见事物具有我们个人的面貌，或者渗透了我们的情绪，这是我们气质上的需要，对此我们也不能过于轻描淡写。然而上帝是土生土长在这些荒岩中的。那种需要使自信成为道德中的首要优点。我们必须死死守住这份贫困，不管它是多么令人反感，我们必须奋发图强，行动果断，方能把我们的轴把握得更紧。真实的生活是冰冷的，迄今还是令人悲伤的，然而它绝不是眼泪、后悔和烦乱的奴隶。它并不试图夺取别人的工作，也不利用他人的事实。将你自己的事实同他人的区别开来，这是智慧的一个主要教训。我知道我不能处理他人的事实，然而我却拥有一把能打开我自己的事实的钥匙，它能使我不信别人的一切否定，他们一定也有一把能打开他们自己的事实的钥匙。一个富有同情心的人处在这样一个游泳者的困境之中：他四周的人都有灭顶之灾，他们都拼命要抓住他，如果他伸过去一条腿或者一根指头，他们就会把他拉下水去。他们都想获救，脱离他们的恶行的危害，而不是脱离他们自己的恶行。博爱精神也许会浪费在对症状的无聊的服侍上。一个英明果断的医生会说一句"走开"，来作为咨询的首要条件。

一个人只能正视前方，不应当左顾右盼。全神贯注就是对别人缠扰不休的轻浮举动做出的唯一回答，这种专注，目的是为了使他们的要求显得无足轻重。

在一个灵魂里，在你的灵魂里，就有给世界的资源。无论在哪里，来一个人，就会来一场革命。旧事物是给奴隶享用的。一个人来了以后，所有的书就易读了，所有的事就透明了，所有的宗教都成了形式。他是恪守宗教教规的。**人是奇迹创造者**。在奇迹中间可以看见他。万人祝福也咒骂。他只说是与否。宗教的一成不变，灵感时代已经过去、圣经已经合上的这一假定；由于把耶稣再现为人从而贬低了他的人格的恐惧；凡此种种明明白白地表示出我们的神学的虚假。给我们显示上帝存在，不是存在过；上帝说话，不是说过话，这才是一名真正的教师的职责。真正的基督教——就像基督相信人的无限那样的一种信仰——已经丧失了。没有人相信人的灵魂，只相信某个过去的和故去的人。天哪！没有人特立独行。所有的人对这个圣徒或那个诗人趋之若鹜，一边躲着秘密注视的上帝。人们无法秘密注视，他们爱在大庭广众之中当瞎子。他们认为社会比他们的灵魂明智，却不知道一个灵魂，还有他们的灵魂，比全世界还明智。看看一个个民族，一个个种族怎样从时光的海洋上掠过，没有留下一丝波纹说明它们在哪儿浮过或沉过,而一个善良的灵魂必定使摩西的名字、芝诺的名字、琐罗亚斯德的名字永远受人崇敬。没有人试图野心勃勃地成为民族的自我、自然的自我,但每个人会成为某个基督教计划或教派,或某个杰出人物的方便的副手。一旦离开你自己对上帝的认知,离开你自己的情感,接受第二手认识,如圣保罗的,或乔治·福克斯的,或斯威登堡的,那你随着这种二手形式的持续,会一年一年地远离上帝,如果像现在一样,持续几个世纪——那鸿沟就裂得宽到人们很难相信自己身上还有神圣东西可言的地步。

让我规劝你们,**首先,要特立独行**;拒绝好的样板,哪怕是人们想象中最神圣的样板,敢于不是通过中介,不是隔着面纱热爱上帝。你们一定会发现足够多的朋友,他们将抬出卫斯理[2]和奥伯林[3],圣徒和先知供你们仿效。感谢上帝,有这样一些好人,但要说:"我也是一个人。"模仿超不过它的样板。**模仿者注定要走向没有希望的平庸**。发明家制造了样板,因为对他而言那是自然的,所以在他身上样板具有一种魅力。在模仿者身上,自然的是另外某种东西,结果他丧失了自己的美,未达到别人的美。

你自己,圣灵的一个新生的诗人——把一切遵从抛在身后,让人们直接结识上帝吧。给他们做一个人吧。首先而且仅仅注意,你就是这样;时尚、习俗、权威、娱乐、金钱对你而言,无足轻重——它们不是勒在你眼睛上的绷带要让你无法看见——而是要接受无限的心灵的特权。不要急不可耐地定期遍访你的堂区里的所有家庭——你遇到其中的一个男人或一个女人时,给他们做一个神圣的人,给他们当思想和美德,让他们羞涩的抱负在你身上找到一位朋友,让他们遭践踏的本能在你的气氛中被亲切地诱发出来,让他们的怀疑知道你也怀疑过,让他们的惊奇感到你也惊奇过。通过信赖你自己的灵魂,你就一定会获得对别人的更大信心。尽管我们要种种小聪明,尽管我们毁灭灵魂,甘受习惯奴役,但下面这种情况是毋庸置疑的;人人都有崇高的思想,人人都珍惜生命中几段真正的时光,他们都喜欢让人听见自己的声音,他们都喜欢被卷进原则的想象中。在那些从事日常事务的枯燥年月里,在充满罪孽的枯燥年月里,我们跟那些使我们的灵魂长了智慧的灵魂;那些说出我们思想的内容的灵魂;那些告诉我们我们知道的东西的灵魂;那些允许我们成为原原本本的自己的灵魂有过几次会见,我们把这些会见当做光明留在记忆中。

坚持你自己,千万不要模仿。你自己的天赋你随时可以用终生修养的积蓄力量表现出来;然而,选取的别人的才华你只能临时地、部分地占用。每个人干得最出色的事,只有他的造物主才能教给他。除非那人把它表现出来,否则,它究竟是什么,谁也不知道,也不会知道。能教莎士比亚的老师在哪里?能指导富兰克林、华盛顿、培根或牛顿的导师又在何处?每一个伟大的人物都是无与伦比的。西庇阿的西庇阿主义就正是他借不到的那一部分东西。研究莎士比亚永远造就不出莎士比亚。做指派给你的工作吧,你不可奢望太高,胆量过大。此时此刻,给了你一种表达方式,勇敢而崇高,犹如菲迪亚斯的巨凿、埃及人的巨型泥刀、摩西或但丁的大笔,但又跟这些不尽相同。灵魂尽管满腹珠玑,辩才无双,也不可能屈尊重复自己;然而,你如果能听见这些鼻祖说的话,你肯定也能用同样一种音调回答他们。因为耳朵和舌头虽然是两种器官,却是一种性质。**住在你生命的纯朴、高尚的地域,服从你的心声,你一定会再现史前的世界。**

我们认为智力与道德感情是一致的;虽然哲学能消灭鬼怪,但它对灵魂却提供遏制邪恶的天然手段和对立性。我认为一个人越聪明,他就发现自然的和道德的体系越宏大,他就会把自己升往一种更加绝对的信赖。

心情有力量,因为每一种心情除了他自己的一套事实和信仰外,对一切都不屑一顾。气色有力量,显然它在改变性情和感情。信仰与无信仰似乎是结构性的,一旦每个人获得了允许整部机器开动的平衡和快乐,他就不需要极端的事例,很快就会在自己的生活中更迭种种看法。我们的生活是三月的天气,一小时之内忽而狂暴忽而宁静。我们出发时态度严肃,富有献身精神,相信命运的铁链,因此宁肯牺牲也不肯回头,可是一本书、一尊胸像或者一个名字的声音,就把一星火花射进神经,我们突然相信起意志来,我的戒指必将成为所罗门的御玺,**命运只能左右低能儿,对一个坚定的心灵来说,一切都有可能。**

一个人可以评定自己的价值。有一句值得人人信服的箴言：人各有份。**占据属于你的位置，采取属于你的态度，谁都不会表示异议。世界一定是公正的。**它漠不关心地让每一个人去评定自己的价值。不管是英雄，还是屠头，在这种事情上它都不加干预。它当然愿意接受你衡量自己行为和禀性的标准，不管你鬼鬼祟祟、隐姓埋名，还是你看见自己的工作创造出凌霄汉、垮日月般的伟业。

　　如果一个人坚定地扎根于自己的本能，寸步不移，大千世界就会再度向他靠拢。忍耐——忍耐，乘着所有善良和伟大的人的荫凉寻找伙伴；寻找安慰，也就是你自己无限生活的前景；寻找工作，也就是研究与传播准则，使这些本能流行，改变世界。人生在世，如果不能自成一统——如果不算一个有个性的人物——如果不结出每个人天生要结的那种果实，而是被包括在我们所属的党派、部门的总数中，包括在成百人中，成千人中；我们的见解又按地理被预测为不是北派，就是南派，这岂不是天下的奇耻大辱？不能这样，朋友们，兄弟们——感谢上帝，我们的情况决不能这样。**我们要靠自己的脚走路，我们要用自己的手工作，我们要说出自己的心声。**文学研究应当不再成为一个受怜悯、遭怀疑、供人感官放纵的名称了。怕人、爱人必将分别成为大家周围的一堵防卫的墙，一圈快乐的花环。一个人的国度必将破天荒头一次存在，因为每个人都相信自己受到那激发所有人的神圣灵魂的激发。

如果有一个教训比其他教训听起来更如雷贯耳，那就是，**世界等于零，人就是一切**；你身上有一切自然的法则，可你却不知道一丝元气如何升起；**你身上沉睡着全部的理性；你需要知道一切，你需要敢为一切。**

我要站在这里维护人性，尽管我想让它慈悲为怀，但我更要使它真心诚意。让我们冒天下之大不韪谴责当代那种圆滑平庸、沾沾自喜的作风，并把已成为一切历史结论的事实掷到习俗、贸易和公司的面前：哪里有人做事，哪里就有一个伟大负责的思想家和活动家在工作；**一个真正的人不属于别的时间与空间，而是万事万物的中心。**他在哪里出现，哪里就有天性自然。他衡量你，衡量一切人和一切事。在一般情况下，社会上的每一个人使我联想到别的某件事，或别的某个人。性格，真实，使你联想不到任何别的东西；它就等于天地万物。**人一定要顶天立地，使周围的一切环境显得无关紧要。每一个真正的人就是一**

个起因，一个国家，一个时代；他需要无限的空间、人数和时间完成他的构想——而子孙后代就像一串随从，紧紧追随着他的脚步。一个名叫恺撒的人诞生了，多少年代之后我们有了一个罗马帝国。基督诞生了，千千万万个心灵在他的天才哺育下成长，忠于他的天才，久而久之，人们把他和美德与人的潜力混为一谈了。一种制度是一个人的延长了的影子，正如古代隐修会之于独修者安东尼，宗教改革之于路德、贵格会之于福克斯、卫理公会之于卫斯理、废奴运动之于克拉克森。西庇阿被弥尔顿称之为"罗马的巅峰"。一切历史都很容易把自己分解为少数几个坚强认真之人的传记。

---

① 这本是一句谚语："麦克格雷戈坐在哪里，哪里就是首席。"爱默生用一位苏格兰酋长麦克唐纳的名字替换了麦克格雷戈。
② 约翰·卫斯理（1703—1791），基督教新教卫斯理宗创始人之一。
③ 奥伯林（1740—1826），法国基督教信义会牧师，致力于慈善事业和教育改革，关心教区内信徒福利，开办农村学校等。美国俄亥俄州奥伯林学院即以其姓氏命名。

论自助

Ne te quæsiveris extra.①

相信你自己的思想，相信你内心深处认为对你适用的东西对一切人都适用——这就是天才。如果把你隐藏的信念说出来，它一定会成为普遍的感受；因为最内在的在适当的时候就变成了最外在的——我们最初的思想会被"最后的审判"的号角吹送到我们耳边。心灵的声音尽管每个人都非常熟悉，但是我们认为摩西、柏拉图和弥尔顿的最大功绩就在于他们蔑视书本和传统，**不是自己想到的东西不说**。一个人应当学会发现和观察从内部闪过他心灵的微光，而不是诗人和圣贤的太空里的光彩。可是他擅自摒弃了自己的思想，就因为这是他自己的东西。在天才的每一部作品中，我们认出了我们自己抛弃了的思想：它们带着某种疏远的威严回到了我们的身边。伟大的艺术作品对我们的教益不过如此而已。它们教导我们：正当对方呼声最高的时候，要心平气和、坚定不移地坚持我们自发的印象。要不，到了明天，一位陌生人将会非常高明地说出恰恰是我们一直想到和感到的东西，我们将被迫从别人那里取回我们自己的见解，并羞愧难当。

协议:为了更有把握地向每个股东提供食品,就必须取消食者的自由和教养。顺从是求之不得的美德,自助则是它深恶痛绝的东西。社会喜欢的不是实情和创造者,而是名义和陈规陋习。

所以谁要做人,决不能做一个顺民。谁要获取不朽的荣耀,决不可被善的空名牵累,而必须弄清它是否就是善。**归根结底,除了你自己心灵的完善,没有什么神圣之物。来一番自我解放,回到原原本本的你那儿去,你一定会赢得全世界的赞同。**

我生活是为了生活本身,不是为了观瞻。我倒宁愿它格调低一些,方能真实、平等,而不愿它光彩夺目,动荡不定。我希望它健全甜美,不需要规定饮食和放血。我要的是"你是一个人"这样的主要证据,而不是撇开人只讲他的行动。我知道,无论我做出还是避免这些所谓的高明行动,对我本人来说并没有任何区别。我不同意在我拥有固有权利的地方再购买特权。我虽然才疏学浅,我却实际存在着,因此不需要为了使我自己安心或使我的同伴安心而要人家给予保证。

我必须做的是与我有关的事,而不是人们所想的事。这一规定,在实际生活和精神生活中同样严厉,所以完全可以用来区分伟大和渺小。因为你总会发现这样一些人,他们认为他们对你的职责是什么了解得比你自己还清楚,因此这一规定显得更严了。在世界上,按世人的观点生活容易;在隐居时,按自己的想法生活也不难；可是**伟人之所以是伟人，就在于他在稠人广众之中尽善尽美地保持了遗世独立的个性**。

当善接近你的时候，当你身上有生命的时候，那不是通过司空见惯的渠道达到的，你是发现不了别人的足迹的，你是看不到人的面孔的，你是听不到任何名字的——那种渠道，那种思想，那种善，必定是新奇无出的。它必定把实例和经验统统排除在外。你走的路是从人那儿来的，不是到人那儿去的。一切曾经生活过的人都是它的被遗忘了的代理者。恐惧和希望同样都在它的影响之下。即使希望之中也有某种低下的东西。在幻想的时刻，没有什么可以称之为感激的东西，严格地来说，也没有什么可以称之为欢乐的东西。凌驾于激情之上的灵魂看见了同一性和永恒的因果关系，发现了真理和正义的自我存在，因为知道万事如意，便处之泰然。大自然无垠的空间、大西洋、南太平洋——漫长的时间间隔，一年又一年，一个世纪又一个世纪——都无关紧要。这种我想到和感到的东西过去构成了每一种原先的生活与环境状况的基础，就像它们现在构成了我的现在的基础，构成了所谓的生和所谓的死的基础一样。

有用的只是生命，而不是已经生活过了。力一旦静止就不复存在了，它存在于从一种旧状态到新状态的过渡时刻，存在于海湾的汹涌澎湃之中，存在于向目标的投射之中。这是一个世界讨厌的事实，却是灵魂形成的事实，因为它永远贬低过去，把所有的财富变成贫困,把所有的信誉化为耻辱,把圣徒与恶棍混为一谈,把耶稣和犹大都推到一边。那我们为什么还要瞎唠叨自助呢?因为有灵魂在,就有力量,它不是自信力,而是作用力。谈论他助只是一种可怜的表面的说话方式。还是说有依赖作用的事情吧,因为它起作用,存在着。比我更能服从的人主宰着我,尽管他不费举手之劳。我必须借助精神的引力围着他转。当我们谈到突出的美德时,我们认为它华而不实。我们看不到美德就是"顶峰",也看不到一个人或一群人,只要对原理有适应能力和渗透能力,便肯定会借助自然规律,征服和驾驭所有城市、国家、国王、富人和诗人,因为这些都不是顶峰。

你的孤立决不是物质上的,而应当是精神上的,也就是说,一定要崇高。有时候,全世界似乎都在密谋用夸大了的琐事纠缠你。朋友、客人、孩子、疾病、恐惧、匮乏、施舍,一起拥来敲你那私室的门,说道——"出来,到我们这儿来。"然而,保持你原来的状态,千万别出来卷进它们的纠纷。人们打扰我是蛮有能耐的,我只好漠然置之。不通过我的行动,谁也别想接近我。"我们爱什么,我们就有什么,可是由于贪心不足,我们反而失去了这种爱。"

如果我们不能立即具备服从与信任的神圣感情,至少让我们抵抗一下对我们的诱惑吧,让我们进入战争状态,在我们的撒克逊胸怀里唤醒雷神和战神、勇敢和坚定。只要说真话。这一点在太平之世就可以做到。制止这种假殷勤和假慈善吧。再不要满足跟我们交谈的受骗的和骗人的人们的期望了。对他们说,父亲啊,母亲啊,妻子啊,兄弟啊,朋友啊,迄今为止,我一直跟你们表面上生活在一起。从此以后我要做真诚的人。现在让你们知道,从今往后凡是低于永恒法则的法则我决不服从。我只要亲近,不要盟约。我将努力赡养父母,抚育子女,做一个妻子的忠贞的丈夫——可是我必须按照一种前所未有的新方式供养这些亲属。我不服从你们的习俗。我必须成为我自己。我再也不能为你而毁了自己,或者毁了你。如果你看中我的本质而爱我,我们将会更幸福。如果你做不到,我仍然愿意设法给你你应该得到的东西。我不愿意把自己的好恶隐藏起来。我愿意真心希望:凡是深沉的东西就是神圣的东西;我愿意真心希望:在太阳、月亮面前,凡是使我由衷地高兴的事,心灵委派的事,我都愿意做。如果你高尚,我会爱你;如果你不是这样,我不愿意献假殷勤去伤害你,也伤害我自己。如果你诚实,可是又跟我的诚实不是一回事,那就忠于跟你志趣相投的人,我也愿意去寻求我的同道。我这样做不是出于自私,而是出于谦恭和真诚。不管我们在谎言中生活了多久,在真诚中生活同样符合你的利益,符合我的利益,符合所有人的利益。难道这话今天听起来相当刺耳?你很快就会爱上你我的天性所要求的东西,而且如果我们追随真理,最终它会把我们安安全全地领出去——然而,这样做你也许会给这些朋友造成痛苦。是的,然而,**我不会出卖我的自由和力量去顾全他们的感情**。况且,当人们向外一望,窥进绝对真理的领域时,人人都有自己理性的时刻;到那时,他们会证明我是对的,而且会做同样的事情。

别这样，朋友们！只有反其道而行之，上帝才肯垂顾，进驻你的心中。**一个人只有摆脱了一切外援，独立于天地之间，我才会看到他的强大和成功。**他的旗帜下每增加一名新兵，他就变得虚弱一些，难道一个人不如一座城？别有求于人，在千变万化之中，只要你立稳了台柱，不久就一定有人出现支持你周围的一切。谁如果知道力量是与生俱来的，知道他之所以软弱，是因为他从自身之外别的地方寻求善，有了这种领悟，谁就会毫不迟疑地依赖自己的思想，立即纠正自己，挺身而立，驾驭自己的躯体，创造奇迹，恰如一个靠双足站立的人比一个用头倒立的人有力一样。

所以尽量利用被称为"命运"的一切东西。大多数人在跟她赌博，全盘皆赢或全盘皆输，全看她的轮子怎么转动了。然而，你务必把这些赢得物当做非法的东西搁下，并且跟上帝的司法官"因果"打交道吧。有"目的"地工作、获取吧，你已经拴住了"机缘"的轮子，从此以后，你就一定会处之泰然，对她如何旋转就无所畏惧了。一次政治上的胜利，一次纯利的增加，你的疾病的痊愈，久别的朋友的归来，或者别的什么好事情，都会振奋你的精神，于是你便认为好日子就在前头。别相信。**除了你自己，什么也不能给你带来安宁。**除了原理的胜利，什么也不能给你带来安宁。

---

① 拉丁文：不要在你自身之外寻找你自己。

论性格

    "性格"——一种保留的力量,直接靠风度起作用,而不用什么手段。人们把它想象为一种无法证明的力量,一种"精灵"或"守护神",人受它的冲动的指引,却无法传达它的计划;它是人的伙伴,所以那样的人往往落落寡合,或者,即便他们碰巧生性合群,也并不需要交往,而只是自得其乐。最纯正的文学才华,一个时期显得伟大,过一个时期又显得渺小,然而性格具有一种恒星那样无法缩小的伟大。

    如同光和热一样,这是一种自然力,整个大自然都在与它合作。为什么有的人的风度我们能感觉到,有的人的风度则感觉不到,原因就像引力一样简单。真理就是存在的巅峰,正义就是把真理向具体事务的应用。一切单独的自然现象,按照它们所具有的这一成分的纯洁性排在一个级别里。纯洁的意志从它们流向别的自然现象,就像水从一个高处的容器流进一个低处的容器一样。这种自然力跟其他自然力一样，都是不可抗拒的。我们可以把一块石头向空中扔一会儿，然而实际情况是所有的石头最终都要落下来；不管还可以举一些什么样的例子，如盗窃逍遥法外，谎言有人相信之类，但正义必定胜利，真理的特权就是让人相信它。性格就是通过一种个别的自然的媒介所看见的这种道德秩序。一个个体就是一个包围者。时间与空间，自由与必然，实际和思想，都不可再自由放任。现在，宇宙就是一个围场或围栏。在人身上存在的一切莫不染上他灵魂的色彩。不管他身上有什么品质，他都要灌输到他力所能及的一切自然中去；他也不想把自己湮没在浩瀚无垠之中，然而，不管经过多长的一条曲线，他的一切关注最后都回到他自己的利益中去。他激励了他力所能及的一切，而且看见的也仅仅是他所激发起的东西。就像爱国者包围了他的祖国一样，他把世界包围起来当做他性格的一个物质基础，当做一个演出的剧院。一个健康的灵魂跟正义与真理步调统一，就像磁铁与磁极保持一致一样。这样，在一切观察者看来，他就是他们和太阳之间的一个透明物体，谁朝太阳走去，谁就必将向此人走去。这样，对于一切不在同一个水平上的人来说，他就是最高影响的媒介。所以，有性格的人就是他们所属的社会的良知。

衡量这种力量的自然标准就是环境的抵抗力。不纯洁的人把生命就看成反映在见解、事件和人物中的那个样子。行动完不成，他们是看不见的。然而行动的道德因素事先就在行动者身上存在，它的是非性质并不难预测。自然界的一切都是双极的，或者具有一个正极和一个负极。有男性和女性，有精神和事实，有南方和北方。精神为正，事件为负。意志是北极，行动是南极。可以把性格的天然位置看成北方。它具有这个体系的磁性流。软弱的灵魂被吸向南极或负极。他们的眼睛紧盯着行动的利害。他们从来不顾原则，除非它已经被接纳在一个人身上。他们不希望可爱，只希望被人爱。有一类性格喜欢听到他们的缺陷，另一类性格又不喜欢听到缺陷；他们崇拜事件；紧紧抓住一件事实，一个关联，一连串的情景，再就不要别的了。英雄明白事件是附属物，它必须听从他。一种既定的事件秩序没有力量使他得到想象力给的那种满足；善的灵魂逃避过任何一组事件，而成功却属于某个心灵，并愿意把那种就是它的天然成果的力量和胜利引进任何一种事件序列。情况的变化决不能补救性格的缺陷。我们扬言我们摆脱了许多迷信；然而，如果我们已经打碎了一些偶像，那只不过是偶像崇拜的转移而已。

性格所显露出的面目在我看来就是自给自足。我敬重有钱人；因此我认为他不会孤独，不会贫穷，不会背井离乡，不会郁郁寡欢，不会是一个求助者，而是一个赞助者，一个恩主和非常幸福的人。性格就是中心，不可被置换或推翻。一个人应当给我们一种持重感。社会是轻浮的，把它的岁月撕成碎片，把它的会话割裂成礼仪和消遣。然而，如果我去看一个有头脑的人，如果他给我一些小恩惠，小殷勤，我就认为自己遭到了怠慢，而宁肯他岿然不动地站在自己原来的位置上，让我领会领会，这是否仅仅是他的抗拒；我知道我已经遇到了一种新的积极的品质——

对我们俩都是巨大的振奋。很有可能,他不接受因袭的见解和做法。那种不顺从将是一种刺激物和提醒者,所以每一个探询者首先都要处置他。不成为斗争的中心就没有真实或用途可言。我们的家里回响着欢笑和闲言,但它没有多大的用处。然而粗野的、无法利用的人也许会对社会造成问题,造成威胁,社会就不会悄悄放过,而是要么崇拜,要么憎恨——各个方面的人,既有舆论的领袖,又有无名、乖僻之辈,都觉得与他有关——他有帮助,他使美洲和欧洲备受责难,并且消灭了怀疑主义,因为它说,"人是一个玩偶,让我们吃喝玩乐,这是我们所能做的最好的事情。"所用的办法是启发未经考验和鲜为人知的人。**默从现有的体制,讨得公众的欢心,这都表示信念不够坚定,头脑不够清楚**,那种头脑必须看见一座房子建成,才能明白它的设计。聪明人不仅不考虑多数,而且也不考虑少数。源泉,源泉,自力活动的人,被同化的人,统帅,因为他被人统帅,自信的人,主要的人——他们都是好的;因为这些在宣布终极力量的即时存在。

我承认去罗列这种简单而迅速的力量的特点只不过是扯淡,就等于我们在用炭笔画闪电,然而在这些漫长的夜晚和假期,我喜欢这样聊以自慰。除了这种力量本身,什么也不能模仿它。一句出自内心的热情的话使我富有。我一受指点就顺从了。在这种生命之火之前,文学天才多么冰冷啊!这些就是那振奋我沉重的灵魂的接触,它们还把能刺穿天性的黑暗的眼睛赋予我的灵魂。我发现,我在哪里认为自己贫困,我在哪里就最富有。从而就有一种新的智力昂扬,再次遭到某种新展示的性格的责难。吸引和排斥的奇怪交替!性格摒弃智力,却又激发它;性格进入思想,就这样被表现出来,然后又在道德价值的新奇的闪光前自惭形秽。

性格是最高形式的自然。模仿它或抵抗它都是徒然。对这种力量的少许抵抗、坚持、创造都是可能的,因为它将会挫败全盘的模仿。

性格需要空间,不可遭受人们拥挤,也不可根据从繁忙的事务或几个场合获得的咫闻管见来判断。就像一座大建筑物,它需要远景。它也许不会很快地建立关系;我们也不应当要求它的行动对大众道德标准或我们自己的道德标准做出草率的解释。

一个有真正进取心的人绝对用不着追求在语言中针对个人的赞扬。在人们说的关于性格问题的每一句话中,甚至在每一个事实与环境中——在哗哗的河水和沙沙的谷田里,他都听到了赞语,不是赞美他自己,而是赞美他所追求的性格,但听起来比赞美自己更加甜蜜。从寂静的大自然、从崇山峻岭、从日月星辰的光辉中,暗示出了赞美,表达出了敬意,流露出了爱恋。

我想谁也不能违反自己的天性。他风发的意气受他的存在规律的牵扯,犹如安第斯山和喜马拉雅山尽管重峦叠嶂,在地球的曲线中仍显得微不足道。无论你怎么估价、考验一个人,都没有什么关系。一个人的性格就像一节离合体或亚历山大体诗歌——把它顺着读,倒着读,或斜着读,拼出的字都是一样。上帝允许我过这种令人愉快、表示忏悔的林中生活,在这样的生活中,让我既不瞻前,又不顾后,只是把我真诚的思想逐日记录下来,我毫不怀疑,人们将会发现这种思想对称和谐,尽管我无意如此,也看不出它具有这种性质。我的书应当散发出松树的芳香,回响着昆虫的嗡鸣。我窗前的燕子应当把它嘴上衔的线头、草茎也编织到我的网里。**我们是什么样子,别人也会把我们看成什么样子**。性格的教育作用远在我们的意志之上。人们总以为他们仅仅借助于外部的行为来传达他们的善与恶,殊不知善或恶每时每刻都在散发着一种气息。

人的性格永远在表露自己。过眼烟云似的行动和语言,做一件事的单纯姿态,内心的目的,莫不表现出性格来。如果你有

所行动,你就显示出了性格;如果你静坐,如果你睡眠,你也把它显示了出来。你认为,因为在别人讲话的时候,你一言未发,对于时代,对于教会,对于蓄奴制,对于婚姻,对于社会主义,对于秘密社团,对于学府,对于党派,对于个人,你都不置一词,所以人们仍然充满好奇,把你的意见当作一种保留的智慧来期待。完全不是这么回事;你的沉默作出了响亮的回答。你没有什么神谕好讲,而你的同事已经得知你没有办法帮助他们;因为神谕说出来了:智慧岂不呼叫,聪明岂不发声?[①]

人与人之所以千差万别,就在于他们奉行的联系原则大相径庭。有的人对物品分类,根据的是颜色、大小和外形上的其他一些附带属性;有的人分类,根据的则是内在的相似之处,或者是因果关系。智力越进步,就把原因看得越清晰,并不注意表面上的差异。在诗人、哲学家、圣徒的心目中,万物都是友好的、神圣的,万事都是有益的,天天都是圣日,人人都是圣人。因为他们的目光紧盯在生活上,所以对境遇就不甚重视。每一种化学物质,每一个植物,每一个动物,都在发展变化之中,它们教会了我们内因的一致性和外表的多样性。

① 见《箴言》第8章第1节。

论智能

去吧，促进思想的星星，

向它们闪光的目标飞奔——

播种者广播着他的种子，

你所撒播的麦子则是灵魂。

在化学表中，每一种物质对排列在它上面的物质来说带有负电，对排列在它下面的物质来说带有正电。水溶解木、铁、盐；空气溶解水；电火溶解空气，然而智能以它不可抵抗的溶剂溶解火、重力、法则、方法和自然的最微妙的、不知名的关系。智能潜藏在天才后面，天才是建设性的智能。智能是一种简单的能力，先于一切行动和建设。我乐意平静地展示智能的一种自然史，然而什么人能够标明这种透明本质的进程和界限呢？最初的一些问题总是要问的，最聪明的医生也被一个孩子问得张口结舌。既然心灵的活动把意志融入知觉，把知觉融入行为，我们怎样分门别类把它说成心灵的知识,心灵的道德,心灵的工程等等呢?每一个都变成了另外一个。它本身仍单独存在着。心灵的视力不像眼睛的视力,而是与已知的事物联为一体的。

智能和智能活动向普通听觉表示了对抽象真理的考虑。对时间和地点的考虑,对你和我的考虑,对利与害的考虑,压迫着大多数人的心灵。智能把所考虑的事实跟你分开,跟所有地方的和人的关联分开,了解事实,仿佛它只是为自身的缘故而存在着似的。赫拉克利特把感情看成彩色的浓雾。在善与恶的感情的雾里,人很难沿着直线前进。智能没有感情色彩,而以科学的眼光看待物体的存在,冷静而超脱。智能离开了个人,漂过它自己的人格,把它看作一件事实,不是看作我和我的。谁陷入跟人或地有关的事务中,谁就看不清存在的问题。而这正是智能一直考虑的问题。自然展示出有形有限的万物。智能把形式戳穿,翻过了墙,发现了相距遥远的事物之间的内在相似,把万物归纳为寥寥几个原理。

使一件事实成为思考的主题便提高了这一事实。所有的精神和道德现象,由于我们没有使它们成为有意思考的对象,便落入了命运的势力范围之内;它们构成了日常的生活状况;他们容易受变化、恐惧和希望的支配。每个人带着一定程度的忧郁看着他的人的处境。如同一艘被波涛冲击搁浅了的船,人囚禁在浮生中,容易受即将来临的事件的摆布。然而一个真理,由于被智能分开,就不再是命运的顺民。我们把它看成一尊超越忧虑的神。所以,我们生活中的任何事实,或者我的幻想和反思的任何记录,由于不受我们无意识之网的纠缠,就变成了一种非人的、不朽的物体。那是恢复了的过去,然而已经涂上了防腐香料。一种比埃及的技艺还要高明的技艺已经把恐惧和腐败从中驱除出去。忧患也被从中剔出。它是奉献给科学的。讲给我们供观照的东西并不给我们造成威胁,而是使我们成为有智能的动物。

智能的增长在每一次扩展中都是自发的。增长的心灵无法预言那种自发性的次数、方法和形式。上帝只是通过一个便门进入每一个个人。在反思的时代开始很久以前,心灵就在思考。心灵走出黑暗,不知不觉地进入今天的奇光中。在幼年时代,它按自己的方法从周围的创造中接受并处理所有的印象。任何一个心灵不管做什么,说什么,总是根据一个法则;在它进行反思或自觉思考以后,这种固有的法则仍然制约着它。在最疲惫、最迂腐、最内向的自我折磨者的一生中,绝大部分他是无法估量的,无法预见的,无法想象的,而且必须如此,除非他能揪住自己的耳朵把自己提起来。我是什么? 我的意志干了些什么,使我成了我现在的这个样子? 什么也不是,什么也没干。我被力量和心灵的暗流漂进这种思想、这个时刻、这种事件的关联里,而我的机敏和任性没有进行多大的阻挠或帮助。

我们自发的行动总是最好的行动。你昨天晚上睡觉以前对一个问题沉思良久,今天早上你起了床,或在户外散步,要处心积虑、全神贯注地接近那个问题,结果还不如你自发的一瞥所起的作用大。我们的思考就是一种虔诚的接受。因而我们思想的真实被我们意志过于激烈的指导所败坏,就像被太大的忽视所污损一样。我们并不能决定我们愿意想什么。我们只是敞开我们的感官,尽我们所能,从事实中清除一切障碍,让智能看见。我们很难控制我们的思想。我们是观念的囚徒。观念随时把我们抓进它们的天堂，把我们完全吸引住，这样我们对明天便毫无考虑，只是像孩子那样呆呆地望着，根本不打算占有它们。不久以后，我们才从那种痴迷中醒悟过来，想起我们到过哪里，我们看见过什么，而且尽可能真实地复述我们所看见的景象。我们尽可能地回忆起这些心醉神迷的景象，我们用那抹不掉的记忆带走了结果，于是所有的人，所有的时代都在证实它。它就叫做"真理"。然而，一旦我们停止转述，企图更正和发明，它就不是真理了。

如果你在阳光下摘苹果、晒干草，或者锄玉米，随后便走进屋里，闭上眼睛，并且用你的手把它们捂住，可是你仍然看见苹果在灿烂的阳光下挂在枝叶中间，仍然能看见那缕子状的草，或水仙菖蒲，而且五六个小时后还是如此。印象就留在善于记忆的器官上，尽管你不知道。因此你的生活使你非常熟悉的一系列的自然形象留在你的记忆中，虽然你并不了解，一阵激情忽闪一下照亮了它们黑暗的房间，那活跃的能力顿时抓住了适当的形象，就成了表现它瞬间思想的词汇。

很久以后我们才发现我们是多么富有。我们确信，我们的历史是非常驯服的：我们没有什么东西好写，没有什么东西好推断。然而我们比较聪明的岁月仍然跑回到那人所不齿的童年的记忆中去，而且我们从那个池塘里总是钓起某种神奇的东西；直到不久以后，我们才开始疑心我们所认识的一个愚人的传记实际上只不过是对卷帙浩繁的"通史"的微型诠释。

我们注意到,建设性智能——我们一般用"天才"这个字眼称呼它——和感受性智能一样也有两种因素的平衡。建设性智能产生思想、警句、诗歌、计划、设计、体系。它是心灵的产生,思想和天性的结合。天才必须具备两种禀赋:思想和名望。第一种是一种天启,总是一种奇迹,频繁地出现或不断地研究无法熟悉它,它总是使探究者感到无限惊奇,因此显得傻头傻脑。它就是真理降临世界,现在是一种第一次进入宇宙的思想,是古老的、永恒的灵魂的一个孩子,是一片真正的无限的伟大。它似乎要继承一切已经存在的东西,要指明尚未诞生的东西。它影响了人的每一个思想,并去改革每一种制度。然而,要使它可行,那就需要一种把它传达给人的工具或艺术。为了可以传授,它必须变成图画,或者可以觉察的物体。我们必须学习事实的语言。最神奇的灵感与它们的主体一同消亡,如果主体无法把灵感向感官描绘出来的话。光线穿过空间,它是看不见的,只有它照到一个物体上时,才能看得见。当精神力量被引向外在的事物时,它就是一种思想。它和你之间的关系第一次使你、你的价值,对我变得明朗起来。画家发明创造的丰富天才由于缺乏绘画才能就被窒息、丧失,在我们快乐的时刻,一旦我们能打破沉默,掌握恰切的韵律,我们就应当是走笔如神的诗人。所有的人都可以进入初级真理,同样,所有人的头脑中都有交流的某种艺术和能力;然而,只有在艺术家身上,它才传入手中。就这种本领而言,两个人之间、同一个人不同的时刻之间,都不能等量齐观,其中的法则我们还不甚了。平时,我们所占有的事实跟非凡时刻或灵感袭来的时刻一模一样,然而它们不是坐下来等着为它们画像;它们不是单独存在,而是纠结在一个网里。天才的思想是自发的;然而绘画或表达的能力,在最丰富和奔流的天性中,包含着一种意志的混合物,一种对自发状态的控制,没有这一点,任何创作都是不可能的。那就等于把一切天性转变为思想的妙语,在判断的注视之下,努力运用选择。然而表现想象的词汇似乎也是自发的。它不是完全、或主要从经验中流来,而是从一个更丰富的源泉涌来。画家大笔的挥动不是靠有意识地模仿某些形体,而是靠奔赴他心灵里各种形体的源头。谁是第一个绘画大师?毋需指点,我们对完善的人体了如指掌。一个小孩也知道一幅画里一只胳膊或一条腿是否被歪曲了,姿势是自然端庄,还是难看,虽然他从未受过任何绘画方面的教育,也没有听过有关这个问题的任何谈话,也不会正确无误地画出一个鼻子或一只眼睛。一个美好的体形使大家都赏心悦目,尽管大家远远不具备这门科学的专门知识,一张美丽的脸使许许多多的人怦然心动,尽管谁也没有考虑过五官和头部的机械的比例。我们对这种技巧源泉有所了解,也许应当归功于梦;因为一旦我们一意孤行,让无意识状态接踵而来,那就看看我们是些多么巧妙的制图员!我们用男人、女人、动物、花园、森林、妖怪的神奇形体进行娱乐,我们用来绘图的那支神秘的铅笔不笨拙也不生疏,不虚弱也不贫乏;它能合理设计、巧妙安排;它的构图非常艺术,着色浓淡有致,它所画出来的整幅图画便显得栩栩如生,容易使我们充满恐惧、柔情、热望、悲痛。艺术家临摹经验也不是单纯的临摹,而总是为这种理想境界中闪现的色彩所触动,所感化。

　　建设性心灵必不可少的各种条件似乎一结合起来,一个精彩的句子或一首优美的诗歌就会很长时间使人记忆犹新。然而,当我们信笔写来,并且进入思想的自由空气中时,我们似乎确信:再没有比把这种随意交流继续下去更为容易的了。上下左右,思想的王国一有围墙,缪斯就让我们自由出入她的城池。啊,世界上的作家何止千万。一个人往往认为卓越的思想就像空气和水一样司空见惯,每一个新时刻的才能就把上一个时刻的才能排除在外。然而我们可以把我们所有的好书点一点;不,我把任何一首优美的诗可以牢记二十年。不错,世界上的识辨智能总是比创造智能先进得多,所以最优秀的著作也有许多高明的鉴赏家,而能写最优秀作品的作家却寥寥无几。然而有些智能建设的条件却难得出现。智能是一个整体,要求每一项工程的完整性。如果一个人专注于一个思想,或野心勃勃,想把太多的思想结合起来,都不会达到那种完整。

世界拒绝用加减的办法来进行分析。我们年轻的时候,花费大量时间,辛辛苦苦地在我们的笔记本上记满了宗教、爱情、诗歌、政治、艺术的定义,希望过几年,我们一定会把世界上已经推出的所有理论的净值压缩进我们的百科全书里。然而年复一年,我们的表格并未完成,我们终于发现:我们的曲线是一个抛物线,它的弧永远不会相交。

把智能的完整传达给它的作品的不是分离,也不是聚合,而是在它的伟大和最佳状态中使它随时发挥作用的一种警惕性。

它一定具有大自然所具有的同样的完整。虽然勤奋无法通过对细节最高明的积累或处理，然而世界的确以缩影的方式重现在每一个事件中，这样一来，所有的自然法则都可以在最微小的事实中看到。智能在它的理解和作品中一定有着类似的完美。正因为如此，智能熟练的一种标志或指标就是对同一性的认知。有造诣的人好像是自然界里的生客，我们在跟这些人交谈。云彩、树木、草皮、飞鸟，都不是他们的，与他们无关，世界仅仅是他们的住所和餐桌。然而诗人由于他的诗歌应当和谐完善，则是大自然欺骗不了的，不管她露出怎样一副奇怪的面孔。诗人感到一种严格的血缘关系，在她的一切变化中发现的与其说是不同，毋宁说是类似。我们受到渴望新思想的刺激；然而当我们接受一种新思想时，那只不过是具有一副新面孔的旧思想，虽然我们把它据为己有，我们还是立即向往另外一个；我们并不是真的变富了。因为真理还没有从自然物体上反射给我们，就已经存在于我们心中了；而深沉的天才会把万物的类似铸入他智慧的每一件产品中。

在某种程度上，智能的最微小的活动把我们从时间的限制中解救了出来。在疾病中，在郁闷中，如果给我们一首诗，或一个深沉的语句，我们便精神焕发；或者给一卷柏拉图或莎士比亚的著作，或者使我们想起他们的名字，我们便顿时产生了一种长生不老的感觉。看看这种深刻神圣的思想怎样把百千万年缩短，使它自己永世长存。

对于出身高贵的孩子来说，一切美德都是天生的，不是辛辛苦苦学来的。向人的心说话，人立刻就变成有德行的人。

智能生长的幼芽也在同一种情操里，它也服从同一个法则。那些能谦恭待人、能伸张正义、能爱、有抱负的人已经站在一个俯视科学与艺术、演说和诗歌、行为和风度的高台上。因为谁享受到这种道德的至福，谁就已经预见到人们高度珍视的那些特殊能力。情郎没有才能，没有本领，在他钟爱的女郎眼里，那都算不了什么，不管她相关的才能是多么少；而把自己委托给最高精神的心，发现自己与它的一切功绩有关，并且愿意走一条康庄大道去获取某些知识和能力。在回溯这种基本而原始的感情时，我们已经从我们边远的驻地回来，立即进入世界的中心，在那里，就像在上帝的私室里一样，我们看见了种种起因，预见到宇宙，那只不过是一种缓慢的结果。

世界上的很多智慧其实并不是智慧，最明达的一类人无疑不为文名所囿，而且也不是作家。在不计其数的学者和作者中间，我们并没有感到什么神圣的存在；我们觉察到的是一种技艺,而不是灵感;他们有一种光,却不知道它从何而来,就声称是他们自己的;他们的才能是某种被夸大了的官能,某种发育过度的器官,因此,他们的力量就是一种疾病。在这些例证中,智能上的天赋所造成的并不是善的印象,而几乎是恶的印象,我们反而觉得一个人的才能是他在真理中前进的拦路虎。

论阅读

　　书是过去影响的最好的一种，也许只要考量一下书的价值，我们就会接近真理——更加方便地了解这种影响的总体效果。

　　书的见地是高尚的。开元时代的学者接纳了周围的世界，在自己身上酝酿，并将自己心灵的新的条理赋予它，然后再将它说出来。进入他的是生活，出自他的是真理；进入他的是短命的行动，出自他的是不朽的思想。进入他的是事务，出自他的是诗歌。原来是死板的事实，现在是灵动的思想。它能站，它能走。它时而隐忍，它时而飞翔，它时而灵感勃发。排放它的心灵有多深，它就能飞多高，它就能唱多久。

　　或者，我不妨说，它取决于将生活转化为真理的这一进程有多远。蒸馏越彻底，产品的纯度与不朽性就越大。然而，没有尽善尽美。气泵无论如何制造不出一个绝对的真空，同理，任何艺术家也无法完全排除陈规、褊狭，使其作品经久不衰，也写不出一本思想精纯的书，能面面俱到，千秋万代之后仍跟同时代或者第二代时一样不失时效。人们发现，每一个时代必须撰写自己的著作，或者说每一代人必须为下一代人著书立说。古书未必适用于今朝。

可是危害便由此产生。隶属于创造行为——思想行为——的神圣便立即转化为史记。人们觉得吟诗唱歌的诗人就是一位神仙：于是诗歌也成了神品。作家是一个正义而智慧的精神：于是书也被定为极品；恰如对英雄的爱戴蜕变成对他偶像的崇拜一样。一转眼，书成了毒草：指导成了暴君。我们本来寻找的是一个兄弟，看见的却是一位长官。大众慵懒而反常的心灵总是迟迟不肯向理性的涌进开放。但一经开放，一旦接受此书，便死死抱住不放，如果此书遭到贬抑，便声嘶力竭声讨。学府建立在此书的基础之上。根据此书又写出了不计其数的书，作者只是随想客，"而不是主动思想的人"，是些才子，就是那些一起步就错误的人，那些从公认的教条出发的人，而不是从自己的原则观点出发的人。怯生生的年轻人是在图书馆里长大的，相信自己的职责就是接受西塞罗、洛克、培根提出的观点，却忘了西塞罗、洛克和培根写这些书时，就是图书馆里的年轻人。

于是，我们见到的不是"主动思想的人"，而是蛀书虫。因此那些书香阶级因为书而看重书；并不是因为书与自然，与人的本性有关联，而是因为书构成了与世界和灵魂对立的一种"第三等级"①。于是就有了三六九等的补遗专家、校订博士，以及藏书成癖者。

这是坏习气，这实质上比表现出的还坏。**使用得当，书是最好的物品；遭到滥用，就是最坏的东西**。怎样才算使用得当？千方百计要达到的唯一目的又是什么？**书除了赋予灵感，别无目的。我宁肯永远不见一本书，也不愿意被它的引力歪曲，完全离开我自己的轨道，变成一颗卫星，而不是星系。**

毫无疑问,读书是有正道的——那就让它严格受制于人。主动思想的人切不可被自己的工具掌控。书是学者的消闲品。当他能直接阅读上帝时,金贵的光阴就不能浪费到阅读他人读书的转录上了。然而当一段隔一段的黑暗降临时,这在所难免——当灵魂看不见时,当太阳被遮,星星退隐不再闪耀时——我们便求助于被它们的光辉点燃的灯引导我们的脚步再次走向东方,因为那是曙光初露的地方。我们听,就是为了说。阿拉伯谚语说:"无花果树彼此相望,最后变得果实累累。"

我们从最好的书里得到的那种快乐,其性质非同寻常。这些书总使我们坚信作者与读者天性相同。我们读一位英国大诗人的诗。读乔叟的、马维尔的、德莱顿的,最地道的现代人的喜悦不禁油然而生——我是说,那是一种主要是因为从他们的诗里提炼出了古往今来的精华所引起的快乐。当这位生活在二三百年前的某个以往的世界上的诗人说出了贴近我自己的灵魂的话,说出了我也一度几乎想到、几乎说出的话时,我们惊喜之余不无敬畏。倘若那里没有向凡心灵皆相同这样一种哲学理论提供的证据,我们就应当假定存在着某种前定的和谐,存在着那些将要出现的灵魂的某种先见,存在着为那些灵魂未来需要而贮存的某种准备,就像在昆虫身上观察到的这样一种事实:昆虫在死以前为它们永远也不会见到的幼虫贮存食物。

我不想因热爱体系,因夸大本能而受胁迫,贸然贬损书籍。大家知道人的身体可以靠任何食品滋养,即便是煮熟了的草、皮鞋熬的汤,同理,人的心灵可以被任何知识喂养。古往今来的伟人豪杰,他们几乎只有从印刷品上获取的信息。我只想说,要承受这种吃喝,必须有一个强健的头脑。人要善于读书就必须是一位发明家。有句谚语说得好:"谁想把西印度的财富带回家,谁就必须扛得动西印度的财富。"因此,不仅有创造性的写作,而且要有创造性的阅读。当心灵为劳动和发明振奋时,我们不管读什么书,页页都会含义丰富,光彩熠熠。字字句句意味倍增,感觉作者像世界一样宽广。于是我们看到这么一种颠扑不破的真实情况,在繁忙负重的日月里,洞察者的真知灼见的时刻如昙花一现,同样,将它诉诸笔墨的在他的著作里也是凤毛麟角。

慧眼独具之士在柏拉图和莎士比亚的书里读到的也是一星半点——仅仅是神谕中的真言——而其余的他则一概摒弃,哪怕它是柏拉图和莎士比亚书中神谕真言的多少倍。

当然,对于一个智者而言,有一部分阅读是不可或缺的。历史和精确科学他必须苦读方能掌握。同样,学府有自己不可或缺的职责——教授原理。但当它们的目的不是训练,而是创造时,当他们从远方把各种天才的每一束光辉都汇总到自己好客的殿堂里,并用集中起来的火点燃青年学子的心时,大学才能高水平地为我们服务。思想和知识都是天性,设备和排场在那里一无所用。长袍和基金,就算能打造一座座金城,也抵不上半句至理名言。如果忘记这一点,那我们美国的高等学府尽管一年富似一年,但它们的社会地位却一天不如一天。

任何作品对大众心灵的影响都可以被它的思想深度精确地衡量出来。它汲取了多少水？如果它唤醒你进行思考，如果它用雄辩的强音举你升空，那么对人们心灵的影响就会宽广、徐缓、持久。如果那些篇什对你没有什么启迪，它们就会像现时的苍蝇一样死去。能讲出、写出永不过时的东西的诀窍就是讲得真诚，写得真诚。没有力量影响我自己的实践的论点恐怕也影响不了你们的实践。然而还是听取一下锡德尼的格言——"窥视你的心而后下笔。"谁在对自己写作，谁就对永恒的读者大众写作。只有你在设法满足自己的好奇心时所得到的说法，才配公之于众。如果一个作家取材于自己的耳朵，而不是取材于自己的心，那他就应当知道他所失去的与表面上获得的一样多，等那本空洞的书搜齐了所有的赞誉并且有一半人说："多么感人的诗歌！多么伟大的天才！"可是它仍然需要生火的燃料。只有有益的东西才会使人获益。只有生命才能赋予生命，虽然我们应当充分表现，然而只有我们使自己有价值才会受到重视。文学的声名没有运气可言。对每一本书作出最后裁决的不是它问世时的偏颇而喧闹的读者，而是一个不受贿赂、不讲情面、不怕恐吓的天使们组成的法庭，一个读者大众，来决定每个人成名的资格。只有具备经久不衰的价值的书才能流传下来。烫金的书边，精制羔皮纸，摩洛哥皮，给各个图书馆的赠送本，都不会使一本书的流通超越它固有的日期。它必须跟华尔普尔②的"显贵作家们"一道自行消亡。布莱克默③、科策布④或波洛克可以持续一夜，然而摩西和荷马却永垂不朽。世界上在任何一个时代读懂柏拉图的人都不会超过十余人——从来都没有足以印他的一版著作的资力。然而这些著作及时地代代流传下来，仅仅是为了少数人，仿佛上帝亲手送来似的。本特利说："写书的不是别人，就是书自己。"一切著作是否能经久不衰，那不是人们的好恶所能左右的，而是由它们自身的比重，或者它们的内容对永恒的人心所表现的内在的重要性来决定的。"别对你雕像上的光过于劳神，"米开朗琪罗对年轻的雕刻家说，"公共广场上的光会检验它的价值。"

文学中有这样一种现象，好像所有的书都是一个人写的，我对此大为惊诧。仿佛一家报刊的主编将他的一群记者派往不同的活动领域，并且时不时地调班换岗，但他们在报道中的判断和观点何其相似，显然是出自同一个无所不见、无所不闻的先生之手。昨天我浏览了一下蒲柏译的《奥德修纪》。就是按照我们今天的标准，译文也是严谨而典雅，仿佛是新近才写成似的。所有的好书的现代性似乎赋予我一种像人那样广阔的生活。事情干得漂亮，我感到仿佛就是我干的；事情干得差劲，我对它毫不介意。莎士比亚充满激情的篇章（例如《李尔王》和《哈姆雷特》中的）用的正是当今通用的语言。我在使用书籍时忠于整体胜于忠于部分。我发现，对作者抱着一种挑剔的态度来读书，其乐无穷。我阅读普罗克洛斯⑤，有时候阅读柏拉图，好像在看一本字典似的，在为自己的想象寻求一种机械的帮助。我读书是为了寻找一些光彩,就好像一个人在色彩实验中使用一幅美丽的图画,只是为了用它绚丽的颜色。

---

① 法国大革命前指平民,民主派用它含有贬义。第一、第二等级分别是僧侣、贵族。
② 荷拉斯·华尔普尔(1717—1797),英国作家,《显贵作家名录》是他的一部作品。
③ 理查德·布莱克默(?—1729),安女王的御医,出版过大量诗作。
④ 科策布(1761—1819),德国剧作家。
⑤ 普罗克洛斯(410—485),希腊哲学家,新柏拉图主义的代表人物。

论友谊

　　我们所具有的友爱要比人们说及的多得多。虽然仍有像寒风一样使世界骤然变冷的自私，整个人类的大家庭还是沐浴在一种像纯净的以太那样的爱的元素里。有多少人我们在房屋里邂逅相逢，虽然我们很少跟他们说话，但是我们尊敬他们，他们也尊敬我们！有多少人我们在大街上看见，有多少人我们在教堂里坐在一起，我们虽然沉默寡言，却因能跟他们相处而深感幸喜！读一读那些游移的目光讲的语言吧。心是明白的。

　　放纵这种人间情谊，结果就造成一种由衷的快乐。在诗歌里，在普通的讲话里，人们感受到的对别人仁慈和满足的感情被比拟成火的物质效果；这些微妙的内心的光照就是那样迅速或者还要迅速得多，活跃得多，令人舒畅得多。从程度最高的炽热的爱情，到程度最低的善意，它们都把生活变得美满甜蜜。

　　这些感情的喷射又替我缔造了一个年轻的世界，什么能这样令人惬意呢？什么能像两个人用一种思想，用一种感情，正当、稳固的邂逅这样美妙呢？才华出众、心地坦诚的人的脚步和身影走近了这颗狂跳的心，那是多美的事啊！每当我们放纵我们的感情时，地球也为之变形；没有冬天，没有黑夜；一切悲剧，一切厌倦，荡然无存——甚至一切义务；除了亲爱的人的喜气洋洋的身影，什么也填不满这不断进展的永恒。让灵魂确信在宇宙的某个地方，它应当与它的朋友重逢，它会独自满足、快乐一千年。

今日早上，我一觉醒来，对我的朋友，不论老的，还是新的，感到由衷的感谢。我可以把上帝叫做美吗？因为他每天用他的赠品向我显示了他的美？我非难交际，我信奉独居，然而我还不至于如此不知趣，竟然不去看看不时从我的门口经过的聪明的人、可爱的人、心地高尚的人。谁听我的话，谁理解我，谁就变成我的人——一笔永恒的财产。大自然还不至于穷得不给我几次这样的欢乐，这样，我们在编织我们自己交际的线，一个新的关系网；而且由于许多新思想连续证明自己有根有据，不久以后，我们将屹立在一个我们自己创造的新世界里，不再是一个传统的星球上的陌生人和漂泊者。未经寻访，我的朋友已经自己找上门来。伟大的上帝把他们交给了我。根据最古老的权利，根据德行跟它的神圣亲缘，我找到了他们，或者确切地说，不是我，而是我和他们身上的神嘲弄并勾销了个人性格、关系、年龄、性别、环境的厚墙，凡此种种他通常表示默许，现在却化多为一了。

对我来说,把感情中"误喝下的酒里的甜毒挤出来"①简直是危险的。对我来说,一个新人是一件大事,使我睡不着觉。我往往特别喜爱给了我美好的时光的人,然而这种欢乐白天就结束了;它没有产生任何结果。它也没有产生思想,我的行动也很少更改。我必须对朋友的成就感到骄傲,仿佛它们就是我的成就似的——而且好像是他的德行中的一种特性似的。他受到赞扬时我心里就热乎乎的,就像情郎听见有人赞扬他的未婚妻一样。我们把我们朋友的良心估价过高。他的善良似乎胜过我们的善良,他的天性似乎更好,他的诱惑好像较少。属于他的一切——他的名字,他的形体,他的穿戴、书籍和工具——幻想都美化了。我们自己的思想出自他的口就显得新鲜博大。

然而心脏的收缩与扩张跟爱的消长不无相似。友谊就像灵魂的不朽,好得令人难以相信。情郎看见了他的意中人,只是略有所知她并不是他所崇拜的真正对象;而在友谊的黄金时刻里,哪怕些微的怀疑和不信我们都感到惊讶。我们疑心是否给了我们的英雄他赖以发光的美德,尔后又去崇拜我们认为圣灵赖以栖身的那个形体。严格地讲,灵魂尊敬人不如尊敬它自己。从严格的科学意义上讲,所有的人都处于同一种无限遥远的状态之下。难道我们怕挖掘寻找这座天国圣殿的形而上的基础会冷却我们的爱?难道我将不会像我所看见的事物那样真实?如果我是这样,我就不害怕了解他们的真相。他们的本质跟他们的外表一样美,尽管要理解它还需要更加灵敏的器官。对科学来说,植物的根并不难看,尽管要做花冠、花球我们还是把茎剪短。而我必须冒险在这些宜人的遐想中提供这一赤裸裸的事实,尽管事实证明它可能是我们宴会上的一具埃及骷髅。一个与自己的思想保持一致的人就会自命不凡。他意识到的是一种普遍的成功,即便它是通过一贯的特殊失败而取得的。任何优点,任何能力,黄金和力量,都无法与他匹敌。我只好依赖自己的贫困,而不是你的财富。我无法使你的意识和我的等同。只有恒星光彩夺目;行星仅有一种月亮似的微光。我听见了你对你所赞扬的那一方的令人钦佩的才华和受过磨炼的气质所说的话,然而,我明白尽管他身穿紫袍,我还是不会喜欢他,除非他最终就是一个像我这样的穷光蛋。朋友啊,我无法否认"现象"的巨大阴影也把你包括在它斑驳陆离的无限之中,跟你相比,别的一切也都是影子。你不是"存在",而"真理"、"正义"却是——你不是我的灵魂,而是灵魂的一幅肖像。你最近才来到我这里,而你已经拿起你的帽子和外衣准备走了。灵魂生出朋友就像树木长出树叶一样,很快就生出新芽,逼走旧叶,难道不是这样吗?自然法则就是永恒的交替。每一种令人震惊的状态都会引起相反的效果。灵魂由朋友包围着,这样它就可以进入一种更高贵的自我认识或孤独境地;它单独活动一段时间,这样它可以升华它的谈话和社交。这种方法随着我们个人关系的全部历史把自己表露出来。感情的本能复活了同我们的伴侣结合的希望,回归的孤立感又把我们从追求中召回。这样,每个人在寻求友谊中度过了他的一生,如果他把自己的真情实意记录下来,他可以对每一个他要钟爱的对象写下这样的一封信。

亲爱的朋友：

如果我相信你，相信你的能力，一定要使我的心情与你的一致，我就再也不会想到与你的来往有关的琐事了。我并非十分聪明；我的心情完全可以企及；我敬仰你的天才；对我来说，它至今还是高深莫测；然而我不敢妄加推测你对我就十分了解，因此你对我只是一种惬意的苦恼。永远属于你的，或永不属于你的。

然而这些局促不安的欢乐和细微尖锐的痛苦是为了好奇，不是为了生活。不能叫它们放任自流。这等于结网，不是织布。我们的友谊匆匆忙忙得出一些浅薄可怜的结论，因为我们已经把它们变成一种酒和梦的组织，而不是人心的坚韧结构。

　　我不想把友谊精雕细刻，只想大刀阔斧地加以处理。如果友谊真诚，它就不是玻璃丝，不是窗户上的霜花，而是我们所知道的最结实的东西。积累了多少世代的经验，到了现在，我们对自然界，对我们自己有些什么了解呢？人对自己命运问题的解决还没有迈出一步。人类众口一词谴责愚蠢。然而我从我的兄弟的灵魂的这种联合中汲取来的那种甜蜜、诚挚的欢乐与和平就是果仁本身，而一切性格，一切思想只不过是外壳。

友谊的法则是严厉的，永恒的，与自然法则和道德法则属于同一个网。然而我们瞄准的是急功小利，吮吸一种突然的甜蜜。我们攫取上帝的整个花园里的最迟的果子，许多冬夏才能使它成熟。我们寻友并不是抱着神圣目的，而是怀着一种要把他据为己有的淫邪的激情，徒劳无益。我们全身用阴险的对抗武装起来，我们一见面，它就开始发挥作用，把一切诗歌变成了陈腐的散文。几乎所有的人都屈尊相见。一切交往必定是一种妥协，最糟糕不过的是，当他们相互接近的时候，每一个美好的天性之花的精华和芳香便立即消失。实际的社交是一种多么永久的失望，甚至德才兼备之辈的社交也在所难免！会见以远见卓识完成以后，过了不久，正当友谊和思想的鼎盛时期，我们便必须受屡遭挫折的打击的折磨，受突如其来、没有道理的冷漠的折磨，受机智和血气的癫痫的折磨。我们的才能欺骗了我们，双方都由孤独来解救。

我应当能够应付每一种关系。我有多少朋友，我在跟每一位交往中能得到什么满足，即便其中有一位我应付不了，这都没有任何关系。如果我无法应付局面退出了一场比赛，那么我在其余的所有对抗中发现的乐趣就变得卑鄙懦弱。我应当恨我自己，如果那时我把别的朋友都当成我的避难所的话。

转战沙场的名将不管多功高，
百战百胜后只要有一次失手，
便从功名册上被人一笔勾销，
毕生的勋劳只落得无声无臭。②

这样，我们的急躁便被痛斥。脑腆和冷漠倒是一层硬壳，一种细嫩的组织在里面受到保护，以免提前成熟。如果任何最优秀的灵魂尚未成熟到知道并拥有这一组织的地步，而它先知道自己，那它就会丧失。尊重那 naturlangsamkeit③，它用一百万年把红宝石变硬，并持之以恒地工作着，阿尔卑斯山和安第斯山在这种进程中像彩虹一样出现，消失，消失了又出现。我们生命的良好精神没有和鲁莽的价值相当的天堂。爱是上帝的本质，因此它不代表轻浮，而代表人的整个价值。让我们不要在我们的体贴中具有这种幼稚的奢华，而要有最简朴的价值；让我们接近我们的朋友，大胆信任他的真心，大胆信任他宽广的基础，那是不可能被推翻的。

有两种元素组成了友谊，每一种都至高无上，我竟分不出孰优孰劣，提名时也没有理由区分先后。一种就是"真"。朋友是一个我可以与之推心置腹的人。在他面前我想什么就说什么。我终于来到一个人的面前，他是那样真诚，那样平等，我竟然可以扔掉掩饰、礼貌和深思熟虑这些贴身内衣，那是人们从来不脱的东西，而且可以跟他以一个化学原子同另一个化学原子相遇的单纯和完整打交道。诚挚就像王冠和权威，是最高级别才获许享受的奢华，只有那种人才得到允许说真话，因为在此之上再没有什么好企求，好遵循的。每个人独自一个的时候是诚挚的。第二个人一插足，伪善就开始了。我们用问候，用闲话，用娱乐，用挑逗来回避、抵挡我们的同类的到来。我们把自己的思想千层百叠地掩盖，不让他知道。我认识一个人，他出于某种宗教狂热，扔掉了这层虚饰，省去了一切恭维和客套，对他遇见的每一个人的良心说话，而且还带着洞见和美说话。起初，他遭到抵制，人人都说他是个疯子。可是他坚持这样做，因为他实在由不得自己，久而久之，他尝到了甜头，他引导他所认识的每一个人跟他建立了一种真正的关系。谁也想不到跟他说假话，或者跟他闲聊什么市场和阅览室之类的事而把他搪塞过去。然而这么多的诚挚迫使每个人有了类似的坦白直率的举动，他怎样热爱自然，他有什么诗情画意，他有什么真理的象征，他自然要表现给每个人。然而对我们大多数人来说，社交叫人看的不是它的脸和眼，而是它的侧身和后背。在一个虚伪时代里，跟人们维持一种真诚的关系就等于发狂，难道不是吗？我们很难挺直腰杆子走路。我们遇见的每一个人几乎都需要某种礼貌——需要迁就；他有某种名气，某种才气，脑子里有某种宗教或慈善的奇思异想，这都是不容置疑的，而这恰恰糟蹋了跟他的一切谈话。然而，朋友是一个头脑清醒的人，他利用的不是我的机敏，而是我本人。我的朋友款待我，而不要求我答应任何条件。因此，朋友是自然界的一种悖论。我单独存在着，我在自然界一无所见，而自然界的存在我可以用跟我的存在同等的证据来证实，现在我看见了我的存在的近似物，无论高度、品种和奇特性都相仿，只是用一种外来的形式重现出来，所以一个朋友不妨可以看做大自然的杰作。

友谊的另一种元素是柔情。我们被每一种纽带，被血统、自尊、恐惧、希望、钱财、情欲、仇恨、钦佩，被每一种环境、标志和琐事跟人们维系起来,然而,我们很难相信另一个人能有那么多的特点,以至于通过爱来吸引我们。难道另一个人能够这样神圣,我们能够这样单纯,以至于能向他表示柔情?当一个人赢得了我的喜爱时,我就达到了幸运的目标。我发现书上写的东西很少直接触及这一问题的核心。然而我还是有一句不得不铭记于心的名言。我所喜爱的作家④说:"我把自己勉强而迟钝地奉献给那些人,实际上我就是他们的,我对谁最效忠,奉献得就最少。"我希望友谊不仅应当有眼睛,有口才,而且应当有脚,它首先必须脚踏实地,然后才能跳过月亮。我希望它先像一个平民,然后再像一位天使。我们责难那个平民,因为他把爱造成了一种商品。它是一种礼物交换,一种有用的贷款的交换;它是好邻居;它通宵守护病人;它在出殡时扶枢;却忽视了这种关系的微妙和崇高。然而,虽然我们发现不了那随小贩伪装下的神灵,可是另一方面,如果诗人把线纺得过细,不能用公正、守时、忠诚、怜悯这样一些市政美德充实他的传奇,我们也不能原谅他。我憎恨滥用友谊的名字去表示时髦、俗气的联合。我喜欢农家子弟、铁皮小贩的结交远远胜过招摇过市、乘坚策肥、花天酒地地去庆贺他们相逢的日子的那种柔滑香艳的和气。友谊的目的就是一种能够参与的最严格、最朴实的社交;比我们所经历的任何社交都要严格。它是通过所有的关系和生死变迁所追求的援助和安乐。它适宜宁静的日子、高雅的才情和乡村的漫步,然而,也适用于崎岖的道路和粗糙的饮食、沉船、贫困和迫害。它欣赏连珠的妙语,也佩服宗教的入定。我们要给彼此的日常需要和人生职责赋予尊严,用勇气、智慧与和谐为友谊增光添彩。它永远不应当落入成规俗套之中,而应当机智灵敏,富有创造性,给单调乏味的东西增添韵律和情理。

友谊可以说需要种种极端稀奇、昂贵的天性,每一种都调和匀称,适应裕如,而且境况如意(一位诗人说,甚至在那种具体情况下,爱要求各方完全成双配对),因此很难满足它的要求。一些精于这种热门心理学的人说,在两个以上的人中间,它无法达到完善的境地。我对自己的定义并不十分严格,也许因为我从来没有像别人那样有过这样的深情厚谊。我宁肯让我的想象满足于一种彼此关系不同的、超凡入圣的男女组成的圈子,他们之间存在着一种高超的理解。然而我发现这种一对一的法则对于会话是不容违反的,而会话则是友谊的实践和完成。不要把水搅得太浑。把最好的搅和在一起跟好坏相混一样糟糕。你把两个人分开,分别与每一个交谈,一定十分有益,令人愉快,然而让你们三个人凑在一起,你就不会有一句新鲜知心的话。两个人可以说,一个人可以听,然而三个人不能进行一场最诚挚、最彻底的交谈。在融洽的交往中如果没有第三者在场,两个人隔着桌子谈话的情况绝对不会出现。在融洽的交往中,个人把他们的自负都融入一个跟在场的几种意识范围完全同等的交际灵魂之中。朋友对朋友的偏爱,兄弟对姊妹、妻子对丈夫的爱恋,在那里没有一样是中肯的,而是完全相反。只有能在这一伙人的共同思想上扬帆航行,而不是可怜巴巴地局限于自己的思想里的人,那时候才能讲话。现在良知所要求的这种集会破坏了卓越会话的高度自由,因为这种会话要求两个灵魂绝对融为一体。

只有两个人单独在一起,才能进入一种更加单纯的关系。然而,决定哪两个人交谈的却是性格的近似。互不相干的人是不会给对方欢乐的,他们也永远不会认为每个人会有潜力。有时候,我们谈到一种会话的卓越的才华,仿佛它就是某些个人身上的一笔永久财产似的。会话是一种暂时的关系——如此而已。一个人被认为有思想,有口才;尽管如此,他对他的表弟或叔父却说不出一句话来。他们指责他的沉默就跟责怪阴影里的日晷没有意义是一个道理。在阳光下,日晷就会标明时刻。在那些欣赏他的思想的人中间,他又会开口说话。

友谊需要那种相似与不似之间的中庸之道,它用一方所表现出的能力和同意刺激另一方。让我孑然一身直到世界的末日,而不要我的朋友有一句话或一瞥目光超越他真正的同情。对抗和依从同样都对我造成障碍。让他显出自己的真正面目,一刻也不要停。我在他的就是我的当中得到的惟一欢乐就是:**不是我的反而就是我的**。在我寻求一种果断的促进,或者至少是一种果断的对抗的地方,我讨厌找到一块软糊糊的退让。**宁做你的朋友肋间的荨麻,也不做他的回声**。高级的友谊所要求的条件就是独立工作的能力。高级职务则需要伟大、超绝的本分。必须先有真正的二,然后才会有真正的一。让它先成为两种彼此虎视眈眈、望而生畏、又大又凶的天性的联合,然后它们才在联合它们的这些差异之下进行深刻的认同。

只有心地高尚的人才配这种社交;只有确信伟大、善良总是经济的人才配这种社交;只有不急于干涉他的命运的人才配这种社交。让他不要对此干涉。让钻石自己决定它的生长期吧,也不要指望促成永恒的诞生。友谊需要一种宗教式的对待。我们佟谈选择朋友，可是朋友都是自行选择的。尊敬就是其中的一大部分。把你的朋友当做一场景观对待。当然他的长处不是你的，你也无法尊重那些长处，如果你一定要把他搂进你的怀抱的话。靠边站；给这些长处腾出地方；让它们高升、扩张。你是你的朋友的纽扣的朋友还是他的思想的朋友？对于一颗伟大的心，在千百件具体事情上他仍然是个陌生人，这样他才可以在最神圣的土地上向你靠近。让孩子们把朋友当做财产去对待吧，让他去吮吸一种短暂的、破坏一切的欢乐，而不去享受最高贵的利益。

我们为什么应当用打扰的办法去亵渎这些高尚美丽的灵魂呢？为什么硬要跟你的朋友建立种种轻率的个人关系呢？为什么要去他家，或者认识他的母亲、兄弟姐妹呢？为什么要让他来你家拜访呢？对我们的盟约来说，这些东西都是实质性的吗？别搞这种摸摸碰碰、抓抓挠挠的举动。让他在我心目中是一种精神，一种启示，一种思想，一种诚挚。他投来的一瞥目光，我需要，但不要新闻，不要肉汤。我可以从低级的伙伴们那里得到政治、闲谈和邻居的诸多方便。难道我的朋友的交往对我来说不应当像大自然本身一样富有诗意、纯洁、普遍、伟大？难道我应当感到我们的联系与睡在天边的那朵云相比，与分开小溪的那团摇曳的草相比，是不圣洁的？让我们不要把它贬低，而是把它抬举到那个标准。那睥睨一切的巨眼,他那神态和行动的目无下尘的美,使你感到自豪的不是减少,而是增强。崇拜他的种种优越;希望他一点不要减少,而是把它们全部珍藏起来——数说。把他当做你的对等人物守护着。让他在你的心目中永远是一种美好的敌人,桀骜不驯,令人肃然起敬,而不是一个无足轻重的便利设施,很快就成了背时货,被扔到一边。蛋白石的色彩,金刚石的光辉,如果眼睛离得太近,是不会看见的。我给我的朋友写一封信,又接到他的一封信。这对你来说,是小事一桩。但它却满足了我的需要。那是一件值得他给,也值得我收的精神礼物。它不亵渎任何人。心会相信这些热情的语句,因为它不愿说出口来,有一种存在比一切英雄主义的历史已经证实的还要神圣,心将会倾吐出对它的预言。

所以尊重这种友情的神圣法则就不至于因为你没有耐心而把友情的两性花损害,无法开放。

我们必须是我们自己的,然后才能成为他人的。按照这样一句拉丁文谚语,至少在犯罪中存在着这种满足——你可以以平等的地位跟你的同谋讲话。Crimen, quos inquinat equat. 对于那些我们爱慕的人,起初我们做不到。然而在我看来,自制的最小缺点也破坏了整个关系。**两个精神只有在它们的对话中,每一个都代表全世界,他们之间才会有深沉的和平,相互的尊敬。**

什么像友谊那样伟大，就让我们把它同我们所能获得的什么样的壮丽精神一起占有吧。让我们保持沉默——这样，我们就可以听见众神的低语。让我们不要干扰。谁让你考虑你应当向卓越的灵魂讲些什么，或者如何对它们去讲？不管多么机灵，不管多么文雅和蔼。愚蠢和智慧分三六九等，对你来说，无论说什么都是轻浮的。等着吧，你的心一定会说话的。一直等到必须和永久压倒你，一直等到白昼和黑夜使用你的嘴巴。德行的惟一报酬就是德行；交朋友的惟一方法就是做一个朋友。走进一个人的家并不等于接近一个人。如果没有相似之处，他的灵魂只会更快地躲开你，你永远也不会看到他真诚的一瞥。我们看见高贵的人们远在天边，他们都在排斥我们；我们为什么还要闯进去呢？很晚——很晚以后——我们才看到社交的种种安排，种种引荐，种种惯例和习俗，都无助于使我们跟他们建立那种我们所向往的关系——然而，惟独我们身上的天性上升到与他们身上的天性同样一个高度，我们才会像水和水那样相遇；如果那时我们遇不到他们，我们也将不需要他们，因为我们已经成了他们了。

智慧决不会让我们跟任何一个人或一群人保持一种不友好的关系。我们拒绝对人表示同情和亲切，仿佛我们在等待着某种更好的同情和亲切到来似的。然而从何而来，何时才来？明天将会跟今天一样。我们正准备着生活，生命却在蹉跎。我们的朋友和同事相继死去，离开了我们。我们很难说我们看见新的男男女女向着我们走来。我们太老，再也不关心时尚，我们太老，再也不指望任何更伟大有力的人物的赞助。让我们吮吸我们跟前的爱恋和惯例的甜蜜。这些旧鞋穿在脚上非常舒服。毫无疑问，我们可以轻而易举地挑出我们的伙伴的毛病，可以轻而易举把一切名字念得更高贵，这就更加使人异想天开。每个人的想象都有它自己的朋友：有了那样的朋友，生命会显得更加可贵。然而，如果你不能跟他们和睦相处，你就不能有这些朋友。如果不是上帝，而是我们的野心在开创、形成这些新的关系，他们的德行就逃之夭夭，如同草莓在花坛里就丧失了它们的香味一样。

这样一来，真诚、坦率、勇气、爱、谦恭和所有的德行排列在谨慎一边，或者都是保护一种当前的幸福的艺术。我不知道，是否所有的物质最终都会被发现是由氧或氢那样的一种元素构成的。然而这礼仪和行为的世界是用一种材料制成的，在我们愿意的地方开始，我们确信过不了多久，我们就会念起我们的十戒。

我们对友谊的格调要求越高，当然，跟有血有肉的人建立友谊就越不容易。我们在世界上踽踽独行。我们所向往的那种朋友只不过是梦幻和寓言。然而崇高的希望永远在鼓舞忠诚的心，因此在别的地方，在普遍力量的其他领域，能爱我们，也能被我们所爱的灵魂们正在活动，正在忍受，正在挑战。我们值得庆幸的是：青年的时代、愚蠢的时期、错误的时期、耻辱的时期已在寂寞中过去，当我们成为卓有成就的人时，我们将用英雄的手去握英雄的手。只是要听你已经看见的东西的规劝，不要用低级人物去破坏友谊的联盟，因为在那种人身上不会存在友谊的。我们的浮躁把我们出卖给轻率、愚蠢的团伙，那是上帝不屑一顾的。**坚持走你自己的路，尽管你略有所失，却大有所获**。你表明了心迹，以便拒虚伪的关系于千里之外，你把世界上最德高望重的人吸引过来——这些罕见的漂泊者在自然界里同时只有一两个在漫游，在他们的面前，芸芸众生看上去只不过是幽魂和阴影而已。

害怕把我们的联系搞得精神气味太浓，仿佛这样做了，我们就会失去什么真正的爱似的，这真是愚蠢之至。无论把我们从洞察中得出的流行观点怎样纠正，大自然一定会证明我们这样做是对的，虽说这样做似乎剥夺了我们的一些快乐，但大自然偿还给我们的欢乐将会更大。如果我们愿意，就让我们感受一下人的绝对孤立。我们确信我们身上具有一切。我们到欧洲去，我们追随一些人，或者我们读书，因为我们本能地相信这样做将会把我们身上的一切唤起，把我们揭示给我们自己。全都是乞丐。那些人跟我们一样，那个欧洲只不过是死人们的一件褪了色的旧衣；那些书只不过是他们的幽灵。让我们丢掉这种偶像崇拜。让我们放弃这种乞讨生活。让我们向我们最亲爱的朋友告别，并对他们嗤之以鼻，说道："你算什么？放开我，我再也不依赖别人了。"啊！兄弟啊，难道你不明白我们这样分别，只是为了在更高层次上重逢，只是为了更多地属于对方，因为我们现在更多地属于我们自己？一个朋友有两副面孔。他既回顾过去又展望未来。他是我所有的以前的时光的产儿，又是未来的时光的先知，也是一位更加伟大的朋友的先驱。

　　我对待我的朋友就像我对待我的书籍。我在哪儿发现他们，我就占有他们，然而我很少使用他们。我们必须按我们自己的主张社交，只要有一丁点理由，就可以把谁接纳或排除。我不能同我的朋友交谈很多。如果他伟大，他就使我也非常伟大，所以我就不肯屈尊交谈。在伟大的日子里，种种预感在我们面前的天空里盘旋。我应当把自己奉献给它们。我走进去为的是抓住它们，我走出来也为的是抓住它们。我只是害怕它们会消失在天空里，它们现在在那里只不过是一片更亮的光。再说，虽然我珍视我的朋友，我却不能跟他们交谈，研究他们的想象，以免我连自己的也会失去。放弃这种高尚的求索，这种精神的天文学，或者对星球的探索，下来对你表示热烈的同情，真会给我一种天伦之乐；可是，到那时，我清楚地知道我将会永世为我的大神们的消失而哀伤。诚然，下个星期我会情绪低落，到那时，我会潜心于无关的目标；到那时，我会为你心灵里湮没的文学感到懊悔，希望你又在我的身边。然而，如果你来了，也许你只会往我的心灵注满新的想象，不是注入你自己，而是注入你的光辉，跟现在一样，我还是无法跟你交谈。这样，这种暂时的交际就要全靠我的朋友们了。我将从他们那里收到的不是他们的财产，而是他们本身。他们将要给我的正是他们所不能给的,但那是从他们身上发散出来的东西。然而,他们跟我保持的关系在微妙纯洁方面并不逊色。**我们相逢时,仿佛我们素昧平生,我们分别时,好像我们从未分别。**

　　一方崇高地坚持一种友谊,另一方不一定步调一致,最近看来似乎是可行的,这是我始料不及的。我为什么要懊恼接受的一方没有度量,从而来自找拖累呢?太阳从来不懊恼他的一些光线普照万方,白白地落入不知感恩的空间,只有一小部分落到能够反光的行星上。让你的伟大来教育那粗鲁、冷漠的友伴吧。如果他难与为匹,他很快就会走开;然而你却被自己的光照扩大了,不再与蛤蟆、虫豸为伴,而与天国的诸神一起翱翔,发光。得不到回报的爱被认为是一种耻辱。然而伟大的人将会看到真正的爱是无法被报答的,真正的爱超越了那不相称的对象,谈论、思索的是永恒,而那可怜的置于其间的面具破碎以后,它并不悲伤,而是感到扔掉了这么多的泥土,感到自己的独立更加可靠。然而,说这样的事就难免带上一种背叛关系的味道。**友谊的本质是完整,是一种完全的慷慨和信任。它切不可臆测或供养虚弱。**它把自己的对象像神灵一样对待,这样它就把双方都神化了。

　　一个人的成长可以在他一连串的朋友中看出来。为了真理,他失去一个朋友,就会得到一个更好的。当我在林中漫步,思索着我的朋友时,我想,我为什么要同他们玩这种偶像崇拜的游戏呢?在不是故意视而不见的情况下,我对所谓的高尚、可敬的人的一望而知的局限一目了然。我们不吝言辞,说他们富裕、高贵、伟大,然而,实情却是可悲的。神圣的精神啊,我为了这些人抛弃了你,他们却不是你!我们表现的每一种个人关怀使我们丧失了天国。我们用天使的宝座换取一种短暂的狂欢。

这种教训我们一定要汲取多少次呢?一旦我们发现了人们的局限性,他们就不再使我们感兴趣了。唯一的罪过就是局限。一旦你提出了一个人的局限,他就全完了。他有才能吗?他有事业心吗?他有知识吗?毫无用处。对你来说,昨天他无限迷人,是一个伟大的希望,一个可以畅游的大海。现在呢,你已经发现了他的海岸,发现那原来是一个池塘,如果你再永远看不见它,你也无所谓。

---

① 参见弥尔顿《科马斯》,第47行。
② 莎士比亚《十四行诗》,第XXV首。
③ 意为"缓慢的自然进程"。
④ 指蒙田。

论礼物

　　如果什么时候，我突然想起：我应当给某人送一件礼物，我总是拿不准给什么好，结果竟然错过了时机。鲜花和水果总是适当的礼物；因为鲜花傲然宣称：美的光辉胜过世界上所有的实用品。鲜花的快乐天性跟普通天性的严厉面孔形成了鲜明的对比。那就像从一座贫民院传来的音乐。大自然并不溺爱我们，我们是孩子，不是宠物，她不太喜欢，对于我们，一切都按严格的宇宙法则办事，既不怨恨，也不偏爱。然而这些娇嫩的鲜花看上去像爱和美的戏弄。人们经常告诉我们，我们喜欢恭维，尽管我们并不上恭维的当，因为它表明，我们是举足轻重的人物，应当被人奉承。鲜花给我们的就是那样的快乐，这些甜美的暗示向我表示出来，我是什么样的一位人物呢？水果也是受欢迎的礼物，因为它们是商品之花，而且可以给它们附加上不同凡俗的价值。如果有一个人打发人来请我走一百英里路去拜访他，又在我面前摆了一篮子上等的夏季水果，我认为辛苦和报答还是相称的。

除了必需的东西,我的一个朋友所规定的礼物的原则是:我们可以给一个人赠送符合他的性格,而且容易跟他的思想产生联系的东西。然而,我们表示敬爱的纪念品大部分都是粗俗的。戒指和其他珠宝不是礼物,仅仅是聊充礼物的替代而已。惟一的礼物是你自己的一部分。你必须为我流血。因此诗人送自己的诗;牧人送自己的羊羔;农民送谷物;矿工送宝石;水手送珊瑚和海贝;画家送自己的画;姑娘送一块她亲手缝制的手绢。这是正当的,令人欣慰的,因为,当一个人的传记在他的礼物中表现出来,每个人的财富就是他的优点的标志时,这就使社会在很大程度上恢复到它的基本水平。然而,当你到商店里为我买一点东西,它所代表的不是你的,而是金匠的生活和才干时,那就仅仅是一种冷若冰霜、死气沉沉的交易。把金银制品作为一种象征性的罪恶赠品或敲诈报偿赠送,只适合国王以及代表国王的有钱人,适合一种虚假的财产状况。

　　接受礼物不是一个人应有的职责。你怎么敢送礼呢?我们希望自给自足。我们不大原谅一个赠送者。喂养我们的那只手有被咬的危险。我们可以接受爱所给的任何东西,因为那是一种接受我们自己所给的东西而不是接受认为是在赠送礼物的人所给的东西的方式。我们有时候憎恨我们吃的肉,因为靠它生活似乎有点儿仰人鼻息的味道。

兄弟，如果天神送礼物一件，

当心，从他的手里你却得不到兑现。

我们全都要，少一丁点儿我们都不会满意。如果社会在土、火、水之外，不给我们机会、爱情、尊敬和崇拜的对象，我们就对社会横加指责。

谁能够很好地接受一件礼物，谁就是一个好人。对于一件礼物我们要么高兴，要么遗憾，两种情绪都不得体。当我们对一件礼物感到欣喜或难过时，我想，就等于在伤害感情，贬低人格。当我的独立受到侵犯，或者不了解我的精神的那种人送来一件礼物时，我感到遗憾，因此就不会支持这种行动；如果这件礼物使我大喜过望，我就会羞愧，因为馈赠者猜透了我的心思，知道我爱的是他的东西，而不是他。的确，这件礼物必须是给予者流向我的水，也就等于我的水流向他。当水在一个平面上时，我的东西就传给他，他的东西就传给我。他的一切都是我的，我的一切全是他的。我对他说，当你的油和酒就是我的油和酒时，你怎么把这罐油或这瓶酒给我呢？这个礼物似乎在否定我的哪一种信仰呢？从这里就可以看出美的东西而不是有用的东西适合做礼物。这种馈憎是断然的侵占，因此，如果受益人忘恩负义，就像所有的受益人都恨所有的泰门一样，根本不考虑礼物的价值，而只是回头窥视礼物的更大的来源时，我宁肯同情那受益人，而不同情泰门老爷的愤怒。因为希望别人感恩戴德是可鄙的，因此，不断受到受赐者的麻木不仁的惩罚。能够安然无恙、心安理得地摆脱一个不幸要受你照顾的人真是莫大的幸福。这种受惠于人的处境是一个大包袱，欠债者自然想给你一记耳光。给这些先生的一句金玉良言正是我对佛教徒推崇备至之处，佛教徒从来不表示感激，他说："不要奉承你的施主。"

对于一个宽宏大度的人，你什么也不能给。你刚刚替他效过劳，他又立即用他的宽宏大度使你欠了情。一个人给他的朋友的帮助，如果跟他所知道的他的朋友准备要给他的帮助相比，是微小自私的，就跟他尚未开始帮助他的朋友时一样，也跟现在一样。跟我对我的朋友怀的美意相比，我能够给他的好处似乎是微乎其微的。况且，我们相互所起的作用有好有坏，但都是随意的，因此我们听到某个愿意为某一好处表示感谢的人的谢意时，难免问心有愧。我们很少直接表现，因此必须满足于一种拐弯抹角的手法；我们很少有给人提供一种直接的好处，而那好处又被直接接受的满足。然而，正直在四面八方撒播恩惠，自己却不甚了了，赢得所有人的感谢反而感到惊奇。

论礼貌

　　每个人的良好的仪态,最得体的表情得到了重复和采用。人们迅速取得一致,一切多余的都被丢弃,一切优美的都被重复。良好的礼貌在没有教养的人看来十分可怕。它是一种更为精细的回避和恫吓的防御科学;然而一旦对方的技艺能与它对衡,它就垂下剑刃——攻击和防护能力都消失了。青年人发现自己置身于一种更加透明的气氛里,在那里,人生是一场比较轻松的比赛,赛手中间不会出现误会。礼貌旨在促进生活,消除障碍,使纯洁的人增加活力。它有助于我们的交往和会话,就像铁路有助于旅行一样,因为它消除了路上一切可以避免的障碍,除了纯粹的空间,再没有任何需要征服的东西。这些规矩很快就固定下来了,一种良好的礼貌意识就会被人更加重视地培养起来,于是,它就变成了一种社会和文明特征的标志。风尚就是这样逐渐形成的,那是一种暧昧的外表,最有力、最奇异、最轻薄,人们最害怕,遵循得最严格,道德和暴力攻击它,都无损于它一根毫毛。

礼貌之花是经不起拨弄的,然而,如果我们敢于再展示一片花瓣,来探究它的构造,我们也会发现一种智力特点。对于人们的领袖来说,大脑就像肌肉和心脏一样必须提供一种调和。缺乏礼貌通常就等于缺乏优雅的知觉。对于精细优美的仪态和习俗来说,人的质地未免太粗糙了。对于良好的教养来说,一种善良与独立精神的结合还是不充分的。在我们的同伴中,我们迫切需要对美的知觉和敬意。在田野和工场里还需要其他一些美德,然而在与我们为伍的人间,一定的情趣是必不可少的。我宁肯与一个不敬重真理和法律的人进餐,也不愿跟一个邋遢的、见不得人的人吃饭。道德品质主宰着世界,然而在短距离之内,感觉却称王称霸。同样的不平待遇也扩散到生活的各个方面,只是不那么严厉罢了。精力充沛的阶级的普通精神就是良知,在某种限制下,为某些目的而行动。它具有每一种天赋。它的天赋是好交际的,因此它尊重一切有助于团结人的东西。它喜欢分寸。爱美主要就是爱分寸或调和。那种尖声怪叫、夸大其词或气势汹汹的人就会把整个客厅弄得客走人散。如果你想赢得爱戴,那就热爱分寸吧。如果你愿意把缺乏分寸的情况掩盖住,你一定会有天才或者可以派做大用场。这种知觉会来打磨、完善社会工具的各个部件。对于天才和特殊天赋,社会会原谅很多的事情,但由于社会的性质是一种集会,所以它热爱一切集会性质的东西,或者属于集合起来的东西。这就形成了好与坏的礼貌,也就是促进或妨碍友谊的东西。因为时尚并不是绝对的良知,而是相对的良知;不是私密的良知,而是娱乐友伴的良知。它憎恨性格中乖僻、暴戾的特点，它憎恨吵吵闹闹、自高自大、落落寡合、郁郁寡欢的人；憎恨一切妨碍全面融合的东西；而它却珍视使人耳目一新的一些特性，因为它们同美好的友谊是一致的。除了一般灌输提高文明的智慧，智能的直接光辉在高雅社会中总是受欢迎的，因为它给社会的规矩和信誉增添了最大的光彩。

　　不加渲染的光必定照进来装点我们的节日，然而，必须把它变柔和一些，遮掩一下，否则那也太刺目了。一丝不苟对美来说是至关重要的，敏捷的知觉对礼貌也是如此，然而过于敏捷却不行。一个人可以分秒不差，毫发不爽。当他进入美的殿堂时，必须把那无所不知的事务留在门外。社会喜爱克利奥耳人的天性和昏昏欲睡的举止，这样它们就把意识、优雅和善意都掩盖住了；社会也喜爱昏昏欲睡的力量的神态，因为它解除了批评的武装；也许那样的人留有一手，等着参加最好的比赛，而不在表面上耗尽全力；社会也喜欢马马虎虎的眼睛，因为它看不见烦恼、转换和不便，而这些正好使敏感者的额际浮上阴云并且将他的声音闷死。

　　因此，除了个人的力量以及形成准确无误的鉴赏力的那种知觉，社会在它的贵族阶级中还要求一种已经暗示过的因素，社会把它意味深长地称为善良，表达了程度不同的慷慨，从最低下的办事意愿和能力到至高无上的宽宏大量和爱心。洞察力我们必须有，要不，我们就会彼此碰撞，去找食物时迷了路；然而智能自私自利，不出成果。要在社会上取得成功，就得有一定的热忱和同情心。一个人如果跟他人在一起时郁郁寡欢，他就在他的记忆中找不到适合这种场合的任何言词。他所有的信息都有点儿不相干。如果一个人在那种场合欢天喜地，他就在每一次谈话中发现同样好的机会来介绍他想说的思想。社会的宠儿，被社会称之为"完整的灵魂"的人，都是一些能人，与其说富有智慧，不如说富有精神，他们没有令人惴惴不安的自大，然而他们的的确确使那一段时间过得充实，也使在场的人感到充实，无论是婚礼，还是葬礼，在舞会上还是在陪审团中，是水上聚会还是射击比赛，他们自己满意，也使别人满意。

　　形形色色的礼貌在最高的程度上普遍地表现了仁爱。倘若这些礼貌从自私自利者的口中表现出来，用做谋取私利的手段，那会怎么样呢？倘若伪君子几乎连连鞠躬把真诚从世界上葬送掉，那会怎么样呢？倘若伪君子一个劲地向他的同伴讲话，讲得彬彬有礼，使别人没有插嘴的机会，因此使他们都感到被排除在外，那会怎么样呢？真正的服务不会失其高尚。所有的慷慨未必仅仅是法国式的，感情用事的；活命的血和一种仁慈的感情最终会把上帝的君子和时尚的君子区分开来，这也是掩饰不住的。

在上流社会的种族集团内部，有一个范围更小、层次更高的集团；那是光的凝聚，那是礼貌之花；对于它总有一种自豪和参比的无言的恳求，就像爱与骑士精神的议会对它的内廷有那种恳求一样。而这种议会就是由那些天生有英雄气质、热爱美、喜欢社交、拥有美化当代的能力的人构成的。如果那些组成欧洲最纯粹的贵族社会的个人，即有几百年来受人保护的贵族血统的人接受检阅，我们从容不迫地、十分挑剔地检查他们的行为，那么我们可能就发现不了一位绅士，发现不了一位淑女；因为尽管礼貌和良好教养的样板在总体上会使我们感到满足，然而，在具体事例中，我们还是会看出马脚的。这是因为优雅不是来自教养，而是来自出身。必须要有浪漫的性格，否则，过分挑剔地排斥无礼就不会奏效。掌握方向的一定是天才：它决不是要表现得有礼貌，而它本身就是礼貌。

我们一生中有一两次机会，在那些天性中没有障碍、性格又自由流露在言谈举止中的男女面前，感受高尚礼貌的魅力。美丽的形体胜于美丽的面孔，美丽的行为胜于美丽的形体，比起雕像和绘画来，它给人的乐趣更为高尚；它才是美术中最美好的东西。在自然物中间，一个人只不过是一个渺小的东西，然而依靠他的面目放射出的道德品质，他可以消除一切重大的考虑，他可以用他的礼貌与世界的雄伟抗衡。我见过一个人,他的礼貌虽然完全符合上流社会的规范,然而决不是从那里学来的,而是不落窠臼,君临一切,并提供了保护和成功;他不需要上朝求助,他的目光就带着欢乐自由;他敞开新的生活方式的大门,振奋想象,像罗宾汉那样神采奕奕、快乐、自由,摆脱了礼仪的束缚;如有必要,还可以摆出帝王的威仪,镇定严肃,在万目睽睽之下显得落落大方。

论时尚

　　权力阶级和排外的高雅社会之间存在着一种严格的关系。后者总是从前者得到补充。那些强有力的人物通常甚至对时尚的无礼起了推波助澜的作用,就是为了他们从中发现的那种亲和力。革命之子、老贵族的埋葬者拿破仑从来没有停止追求圣热尔曼区,毫无疑问,他怀着这样一种感情:时尚是对他那一类人的一种效忠仪式。时尚代表着一切果断的美德,尽管方式有些奇怪。那是凋零了的美德,那是一种死后的荣誉。它不常抚爱伟人,却抚爱伟人的后代,它是一座"昔日"的殿堂。它往往横眉冷对当代的伟人。伟人一般不进它的殿堂,他们出去奋战疆场,他们在工作,不是在获胜。时尚是由他们的子孙形成的;至于这些人,他们通过某个名人的价值和德行,给他们的名字增添了光彩,取得了不同凡俗的印象,具有了教养和慷慨的资力,他们的体质也具有了某种健康和优越,这就使他们有了权力,如果那不是至高无上的工作权力,也是很高的享受权力。有权阶级,这些在行动的英雄,这些科尔特斯、纳尔逊、拿破仑,他们看到这就是对他们这种人的喜庆和永久的赞颂;他们看到时尚就是享受资助的才能;就是被锤薄了的墨西哥、马伦戈、特拉法尔加,他们看到时下风云人物的显赫名字正好追溯到五六十年前他们这样一些盛极一时的名字。他们是播种者，他们的子孙将是收割者，而他们的子孙在事物的一般进程中必须把收获的占有权交给眼光更为锐利、体格更为健壮的新的竞争者。城市从乡村得到补充。据说在一八〇五年，欧洲每一个正统的君王都是低能儿。要不是从田野得到加强，城市也许早就灭亡、腐败、爆炸了。今天的都市和宫廷只不过是前天变成城镇的乡村。

　　贵族和时尚都是某些不可避免的结果。这些相互间的选择是消灭不了的。如果他们激起了损害最深的阶级的愤怒，那受到排斥的大多数起来用强硬手段向排斥他人的极少数报复，并且杀了他们，那么，立即就有一个新的阶级发现自己处于最高地位，就像一碗牛奶上面一定要起一层奶油一样肯定。如果人们消灭了一个又一个的阶级，最后只剩下了两个人，其中一个人也将是领袖，而且身不由己地受到另一个人的服侍和模仿。你尽可以把这极少数不放在眼里，不记在心头，然而他们有顽强的生命力，是社会等级之一。当我看见他们的成就的时候，我对这种顽强精神感触更深。他们对那些区区小事的管理推崇备至，以至于在他们的习惯中我们竟然不去寻求任何耐久性。我们有时候遇到一些受到某种强大的道德影响的人，如受到一次爱国运动、一次文学运动、一次宗教运动的影响之类；我们便感到道德情操主宰着人与自然。我们认为别的一切差别和关系都将是脆弱的，短暂的，譬如等级或时尚的差别和关系；然而，年复一年，我们看到它在波士顿或纽约人的生活中是多么地持久，在那里，它没有受到国家法律的一点支持。在埃及，在印度也没有一种更加坚定或更加不可逾越的界线。有些社团跟那少数人有千丝万缕的关系,如商会、军团、大学的班级、消防俱乐部、专业协会,政治、宗教会议等等,在那里,人物似乎亲密无间;然而,那样的集会一旦解散,它的成员一年到头再也不会相会。每一个成员便回到上流社会阶梯的自己的台阶上,瓷器依然是瓷器,陶器依然是陶器。时尚的目的也许是轻浮的,或者,时尚也许是没有目的的,然而这种联合和选择的性质既不轻浮,也不偶然。在那种完美的等级中,每一个人的地位取决于他的结构的某种对称,或者他的结构与社会对称的某种一致。时尚对自己人的自然要求会立即敞开大门。

要尽数时尚的种种好处——它信赖实在,最恨的就是弄虚作假的人——排除、迷惑弄虚作假的人,跟他们老死不相往来,就是它引以为乐的事。反过来我们藐视老于世故的人们的别的每一种天赋;然而,哪怕在最琐碎的事情上,非我们自己的礼貌意识决不迎合的习惯构成了一切骑士风度的基础。几乎每一种自助,不管它怎样健全和比例匀称,时尚也要偶然加以采用,而且给它组织沙龙的自由。一个圣洁的灵魂总是文雅的,如果它愿意,可以畅行无阻地进入戒备最森严的圈子。然而,在某种把他带来的紧要关头,赶牲口的乡下小伙子也会进入,并得到恩宠,只要他不要见到新的情况就晕头转向,只要铁鞋不想跳华尔兹和轻快交谊舞就行。因为行为的规矩如不符合个人的能力,是不会定为礼俗的。初进舞场的少女,在城里参加宴会的乡下人相信有一种礼仪，每一种行为和赞语必须以它为根据，否则不合格的当事人必然被从这种场合轰出去。后来，他们懂得良好的见识和性格每时每刻都在创造自己的仪态，舌无留言或三缄其口，开怀畅饮或滴酒不沾，留或者去，坐在一把椅子上，或者跟孩子们一起平展展地躺在地板上，或者倒立什么的，总用的是一种新颖、原始的方式，而那种强烈的意愿总是合乎时尚的，谁想不合时尚就随他去吧。时尚所要求的无非是泰然自若，自满自足。一群教养极好的人就会成为一批明达之士，在那个圈子里，他固有的礼貌和性格都显露无遗。如果一个追随时尚的人不具备这种品质，他就微不足道。我们非常喜欢自助，所以如果一个人肯让我们看到他对自己的地位完全满意，不要求得到我或别的任何人的好评，那我们就会宽恕那人的很多罪恶了。然而对某个杰出的精于世故的男人或女人表示敬重，就会使一些高贵的特权丧失殆尽。他是个下手，我跟他没有关系；我要和他的主人讲话。一个人不应当到他无法带着他的整个世界或社会同去的地方去——并不是要所有的朋友都亲身随同，而是把他们构成的气氛带去。在新的伙伴中，他应当保留他的日常的朋友使他具备的那种思想作风和关系现状，否则他就会黯然失色，将会成为最快乐的俱乐部里的一个孤儿。

　　每当我们坚持将仁爱作为礼貌的基础，在赞美礼貌时，我们很容易显得荒唐可笑。"时尚"这种假象便起来对我们的言谈加以嘲笑。然而，我既不肯否认时尚是一种象征性的制度，也不愿怀疑爱是礼貌的基础。如有可能，我们必须得到彼；然而无论如何，我们还必须肯定此。生活的本质大都取决于这些鲜明的对比。时尚，装成体面的样子，在所有人的经历中，往往只是一种舞厅规范。然而，只要它是最上流的社会，那么，在那个层次的精英人物的想象中，它里面就有一些必要和优秀的东西；这并不是说，人们已经同意叫荒谬的东西去捉弄；这些神秘仪式在最粗野的人物心里激发出的崇敬，以及人们了解上流生活的细节时所抱有的好奇，显示了热爱文明礼貌的普遍性。我知道：如果我们进入那公认的"一流社会"，并把这些公正、审美和利益的可怕标准运用到真的在那里所发现的个人身上，我们就会感到有一种喜剧性的差别；这些时髦人士并不是君主与英雄，也不是贤哲与情人。时尚有三六九等，而且有很多见习和接受的规矩，并非只有最好的一种。不仅有天才自认的征服权利——个人最出色地表现出天生的贵族气度——而且眼下还会批准一些较小的要求；因为时尚喜爱的是名流，就像喀耳刻一样向往她的那些头角峥嵘的同伴。

论谨慎

　　谨慎是感官的优点。它是表面的科学。它是内心生活的最外在的活动。它是把思想当做公牛的上帝。它按事物的规律推动事物。它愿意遵照身体条件谋求身体的健康，按照智力法则谋求心灵的健康。

　　感官的世界是一个展示的世界；它不是为自己而存在的，而是具有一种象征性；而一种真正的谨慎或展示法则承认其他法则的共存，并且知道它的职务是下属的；知道它工作的地方是表面，而不是中心。一旦被孤立，谨慎就是虚假的。当它成为实体化了的灵魂的"自然史"时，当它在感觉的小天地里展现了法则的美时，它才是合理的。

　　世界上充满了一种卑劣的谨慎的种种格言、行为和眼色，这种谨慎热衷于物质，仿佛我们除了味觉、嗅觉、触觉、视觉和听觉，再没有别的官能似的；这种谨慎崇拜比例法，决不捐助，决不赠送,很少借贷,对任何事业只问一个问题——它烤不烤面包?这是一种疾病,就像皮肤不断变厚那样,直到一个个充满活力的器官都被毁坏。然而,文化由于揭示了表面世界的遥远的起源,旨在达到作为目的的人的完善,所以把别的一切都当做健康和肉体生命而贬为手段。它没把谨慎看做一种单独的能力,而是看成与肉体及其需要交谈的智慧和美德的一种名声。有教养的人总是这样感觉,这样说话,仿佛一大笔财产、一种民间或社会措施的成就、一个伟大的个人影响、一次优美而威严的演说,具有能证明精神力量的价值似的。如果一个人失去了自己的平衡,为了自身的缘故沉溺于任何事业或欢乐,那他可以当一个好的齿轮或螺丝钉,却不是一个有教养的人。

虚假的谨慎,由于把感官当成决定性的,因此只不过是酒鬼和懦夫们的神灵,只不过是一切喜剧的题材。它是大自然的笑料,因而也是文学的笑料。真正的谨慎由于承认一个内在的真正世界,便限制了这种感官至上论。这种承认一旦做出——对于世界的秩序、事务与时间的分布由于用它们的从属地位的共同知觉来研究,这就使不同程度的注意力都得到好报。因为我们的存在,显而易见,在自然界里依附于太阳、盈亏往复的月亮和它们所标志的时令——如此容易受气候和地区的影响,对于社会的善与恶是如此敏感,对辉煌壮丽是如此喜爱,对饥寒、债务是如此担心——所以它从这些书本里把所有的基本教训都学到了。

谨慎并不探索自然，寻根问底。它如实接受世界的种种法则，因为人的存在受它们的制约，并且遵循这些法则，这样它就可以享受到它们固有的利益。它尊重空间和时间、气候、需要、睡眠、极性法则、生长和死亡。太阳和月亮，天上的这两个伟大的循规蹈矩者，在那里旋转，从各个方面赋予人的存在以范围和周期：这里就是顽固的物质，不会背离它的化学程序。这里就是一个有人定居的星球，受自然法则宰割、束缚，在外部又受到把种种新的约束强加到年轻的居民身上的人间樊篱和财产的阻隔和瓜分。

　　大自然惩罚任何忽视谨慎的做法。如果你认为感官是决定性的，那就服从它们的法则好了。如果你相信灵魂，当满足感官的甜蜜在因果的迟缓树上尚未成熟时，就别抓它。跟知觉不准确、不完善的人打交道就等于往眼睛里滴醋。据记载：约翰生博士说过这样的话："如果那个孩子说他从这个窗户向外看过，假使他从那个窗户向外看过，就用鞭子抽他。"我们的美国特性表现为对准确的知觉不是一般地喜欢，"不错。"这句俗话非常风行，可为佐证。然而，对于不守时，对于事实的思想混乱，对于明天的需要漠不关心所表现出的不安并不是全国性的。时空的美好法则一旦被我们的拙劣弄错了位，就成了一个个窟窿。如果蜂房被莽撞、蠢笨的手一捅，它给我们的就不是蜂蜜，而是蜜蜂。我们的语言和行动要想合理，就必须适时。六月清晨磨镰刀是一种悦耳动听的声音；然而，如果时间太晚，到了翻晒干草的季节，还有什么比磨石或割草机的声音更凄惨的呢？性情懒散的人和"晌午客"①糟蹋的远远不仅是他们自己的事务，因为他们损害了与他们打交道的人的性情。我看到过一句对某些绘画的批评，当我看见那些对自己的感官都不忠实的得过且过、闷闷不乐的人时，我就想起了那句评语。最后一代魏玛大公是一个理解力高超的人，他说："有时候我望着一些伟大的艺术品说，尤其刚才在德累斯顿说，有一种特性在多大程度上取得了把像画得栩栩如生，又把一种不可抗拒的真赋予生命的效果。这种特性就是在我们画的所有的像里都要击中重心。我的意思是，让那些人物脚踏实地地站着，让手握得紧紧的，眼睛死死地盯着它们应当看的地方。即便是器皿和凳子之类的非生物画像——也要把它画得正确无误———旦它们缺乏对重心的依赖，一切效果便荡然无存，就有了一种浮动和摇摆的样子。在德累斯顿美术馆里的拉斐尔(我见到的惟一的一幅效果惊人的画)是一幅你能想象到的最宁静、最恬淡的作品；一对膜拜圣母、圣子的圣徒。然而，它给人的印象比十个钉到十字架上的殉道者的歪曲形象还深刻。因为，除了那不可抵抗的形象美，它还在最大程度上具有了所有人物都垂直的这一特性。"我们在人生的画面上需要的正是这种一切人的垂直。让他们脚踏实地地站着。不要漂浮和摇摆。让我知道在哪儿能找到他们。让他们分清他们记忆中的东西和他们梦想过的东西，要名副其实、实事求是，给他们自己的感官赋予信赖的荣光。

什么人竟敢指责别人不谨慎？谁又算谨慎呢？我们所谓的最伟大的人物在这个王国里是最渺小的。在我们跟自然界的关系中有一种致命的脱节，它扭曲了我们的生活方式，使每一种法则都与我们为敌，这样一来，它似乎终于唤起了世界上所有的智慧和德行去思考"改革"的问题。我们必须请教最高的谨慎，问问为什么健康、美和天才现在应当是人性的例外，反而不是人性的常规？通过赞同一致，我们并不能知道动植物的种种特性，知道大自然的种种法则。然而，这依然是诗人的梦想。诗歌和谨慎应当是一致的。诗人应当是法则制定者；也就是说，最大胆的抒情灵感不应当责骂侮辱，而应当宣布引导民法典和日常工作。然而，现在这两样东西似乎势不两立，分道扬镳了。我们违反了一个又一个的法则，到了最后，我们伫立在废墟中间，偶然间，我们窥见理性和现象之间的一种巧合时，反而大吃一惊。

谨慎的眼睛永远不会闭上。铁如果存放在五金店里，就会生锈；啤酒如果酿造时环境不适当，就会变酸；船舶上的木头在海上不会腐烂，如果搁置在又高又干的地方，它就会收缩，变形，干朽；钱，如果我们保存着，绝对产生不了纯利，还容易丢失；如果投了资，就容易造成某种股票的下跌。铁匠说，铁越打越好；晒干草的人说，让草耙尽可能接近镰刀，让马车尽可能接近草耙。我们北方人做买卖就因这种极端的谨慎而闻名。买卖赚钱——好钱、坏钱、干净钱、破烂钱——并保全自己，靠的就是它倒钱的速度。铁不会生锈，啤酒不会变酸，木头不会腐烂，印花布不会过时，股票不会下跌，就因为北方人让它们尽快脱手。滑过薄冰时，我们安全与否全看我们的速度了。

让一个人学会一种格调更高的谨慎。让他知道，自然界中每件事物，哪怕尘埃或羽毛，也是按法则而不是靠运气运动的；让他知道种瓜得瓜、种豆得豆的道理。依靠勤奋克己，让他掌握他吃的面包，这样一来，他就不会跟别人把关系搞僵，搞假；因为财富的最大好处就是自由。让他先搞这样一些小恩小惠吧。在等待中失去了多少人生啊！让他不要使他的同类等待。会话当中的承诺有多少空话，多少诺言！让他的谈话都是命运攸关的话。当他看见一片折好、封好的纸头放在一条松木船里周游世界，在这熙熙攘攘的人群中居然安全地映入应当读上面所写的内容的那个人的眼帘时，让他同样感到那种告诫：要越过这一切分散的力量，保持他的存在的完整，要在任意驱使他们的狂风暴雨、种种距离和事实中保持一句微弱的人话，并且通过持之以恒，使一个人的微小的力量在多少年月以后的最遥远的地带再次出现，履行它的誓言。

对于不愉快的和难对付的事，谨慎并不是回避，并不是逃跑，而是勇气。谁想宁静地在人生的康庄大道上漫步，谁就必须打起精神,做出决定。让他面对他最害怕的事物,他的坚定通常就会使他的恐惧显得毫无根据。有一句拉丁谚语说得好,"在战场上,首先被击败的是眼睛。"如果你能泰然自若,一场战争对于生命不见得会比一场击剑或足球比赛更危险。士兵们举出这样的例子:谁看见被对准的那门大炮和射向它的炮火,谁就已经避开了炮弹的射界。对暴风雨感到恐怖的主要是客厅和船舱里的人。牲口贩子、水手,整天与它搏斗,他们的脉搏在雨雪交作中,在六月的阳光下都一样有劲,随着脉搏有力地跳动,健康就自行恢复了。

---

① 指游手好闲、不务正业的人。

论超灵

　　人生的每时每刻在它们的影响和后果方面各不相同。我们的信念突发于瞬间,我们的邪恶却习与性成。然而在这些短暂的瞬间里有一种深度,它迫使我们认为瞬间形成的真实比其他一切经历形成的真实还要多。正因为如此,随时出来迫使那些对人类抱有奢望的人保持沉默,即诉诸经验的论调,是永远软弱无力、徒劳无功的。我们把过去交给反对者,而我们却怀着希望。反对者必须对这种希望做出解释。我们承认人生是渺小的,然而我们怎么知道它是渺小的呢?我们的这种不安,这种古老的不满,有什么根据呢?除了灵魂赖以提出巨大要求的巧妙影射外,那种普遍的匮乏和无知感又是什么呢?为什么人们感到人的自然史一写出来,他总要把你对他的评说置于脑后,历史就变得陈旧不堪,玄学书籍也显得毫无价值?六千年的哲学还没有摸清灵魂的旮旯旯旯。在它的实验中,归根结底,总有一种它无法分解的残留物质。人是一股源头不明的溪流。我们的存在不知道从什么地方降临到我们身上。神机妙算之士也预见不到某种难以预测的东西随即可能继续前进。我每时每刻都被迫承认事件有一种比我称之为我的意志还要高的起源。

对事件如此,对思想亦然。我凝视着那条奔腾的河流,它从我看不见的地域出来,一会儿就把它的一股股流水注入我的心中,这时我看见我是一个仰人鼻息的人,不是一个起因,而是一个对这种缥缈的流水感到惊讶的观望者。我满怀热望,翘首瞻仰,摆出一副欢迎的架势,然而那些景象却从某个相反的力量那儿出现。

古往今来,对错误的最高批评家,对必然出现的事物的唯一预言家,就是那大自然,我们在其中休息,就像大地躺在大气柔软的怀抱里一样;就是那"统一",那"超灵",每个人独特的存在包含在其中,并且跟别人的化为一体;就是那共同的心,一切诚挚的交谈就是对它的膜拜,一些正当的反应就是对它的服从;就是那压倒一切的现实,它驳倒我们的谋略才干,迫使每个人表露真情,迫使每个人用他的性格而不是用他的舌头说话,它始终倾向于进入我们的思想和手,变成智慧、德行、能力和美。我们连续地生活,分散地生活,部分地生活,点点滴滴地生活。同时,人身上却有着整体的灵魂,有着明智的沉默,有着普遍的美,每一点每一滴都跟它保持着平等的关系,有着永恒的"一"。我们赖以生存的这种深沉的力量由于它的至福我们大家都能享受,所以不仅每时每刻自足而完美,而且观察的行为和观察到的事物、观察者和景象、主体与客体,都合二为一。我们一点一点地看世界,如看见太阳、月亮、动物、树木;然而,这一切都是整体中触目的部分,整体却是灵魂。只有依赖那种"智慧"的眼光,千秋万代的占星术才能读懂,只有求助于我们更高超的思想,只有屈从于每个人内心固有的预言精神,我们才能知道它说的是什么。每个人的话,由于他是按照那一种生活讲出来的,所以那些思想基点不同的人听起来就空洞无益。我不敢替它辩解。我的话没有它的庄严意义,我的话说出来简短而冷淡。只有它本身才能激发它愿意激发的人,看啊!他们的言词一定会像刮起的风一样悦耳动听,响彻千家万户。然而如果我不可以用神圣的言词,我甚至想以渎神的言词指出这尊神的天堂,报告我从"最高法则"超绝的单纯和力量中搜集到了些什么暗示。

一切的一切都表明人的灵魂不是一种器官,而是在激励、锻炼所有的器官;不是一种像记忆力、计算能力、比较能力那样的功能,而是把这些当做手脚来使用;不是一种官能,而是一种光明;不是智能或意志,而是智能和意志的主宰,是我们存在的背景,智能和意志就在其中———一种不被占有而且不能被占有的无限。从里面,或从后面,一线光明射穿我们,照到事物上面,使我们意识到我们什么都不是,而那光明则是一切。一个人是一座寺庙的外观,一切智慧和一切善都住在里面。我们通常称为人的东西,也就是那吃吃喝喝、栽培、计算的人,并不像我们知道的那样代表他自己,而是在错误地代表着他自己。我们尊敬的并不是他,而是灵魂,他只不过是灵魂的器官。如果他让灵魂通过他的行为显露出来,灵魂就会让我们下跪。当灵魂通过他的智能呼吸时,那就是天才;当灵魂通过他的意志呼吸时,那就是美德;当灵魂通过他的感情流动时,那就是爱。当智能要成为自己的什么时,它的盲目就开始了。当个人要成为自己的什么时,意志的软弱就开始了。在某一种细节上,一切改革的目标就是让灵魂穿过我们,换句话说,就是保证我们服从。

关于这种纯洁的天性,每个人有时候是可以觉察的。语言无法以他的色彩描绘它。它太微妙了。它难以确定,无法测量,然而我们知道它渗透我们全身,包容着我们。我们知道所有的精神存在都在人身上。古语说得好:"上帝不敲钟就来看我们。"那就是说,我们的头和无垠的天之间没有屏幕,没有顶篷,同样,在灵魂那里没有栅栏,没有墙壁,在灵魂那里,人这个果停止了,上帝这个因开始了。墙就被拆除了。我们躺着,身体的一侧向着灵性的大海,向着上帝的属性。正义我们看到并且了解,爱、自由、权力也是这样。这些天理没有人能够超越,它们却凌驾于我们之上,每当我们的利害引诱我们去伤害它们时,这种情况就最为突出。

我们阐述的这种天性的至高无上的权威由于它独立于在各个方面约束我们的局限而闻名。灵魂制约着万物。我已经说过,它同一切经验有矛盾。同样,它也废除了时间与空间。在大多数人中间,感官的影响在很大程度上战胜了头脑,因此时空的墙开始显得实在而不可逾越;带着这些局限的轻率说话,终归是一种精神失常的征兆。然而时间与空间只不过是灵魂力量的反测。精神玩弄着时间——

能够把永恒挤进一小时，

或者把一小时延展为永恒。①

我们往往身不由己地感觉到：除了从我们自然出生的那一年计算的年龄，还有另外一种青春和老年。某些思想总让我们年轻，并使我们青春永驻。那种思想就是对普遍和永恒的美的热爱。每个人放弃那种观照时，总觉得它与其属于人生，不如说属于各个时代。

灵魂的尺度永远是一个，感觉和理解的尺度则是另一个。在灵魂显露以前，时间、空间和自然都退缩开了。在日常谈话中，我们把万物都归咎于时间，就像我们习惯把相距极远的星星归入一个凹面天体一样。于是我们说世界末日远还是近，说千禧年临近了，说某些政治的、道德的、社会的改革日子即将到来，诸如此类，不一而足。我们这么说的意思是：在事物的性质上，我们所观照的一个事实是外在的、短暂的，而另外一个事实则是永恒的，与灵魂同时开始存在的。我们现在认为固定的事物就像成熟了的水果，必定一个个要从我们的经验上脱落。没有人知道风从何处来，就把它们刮掉了。风景、人物、波士顿、伦敦，都像过去的体制，或者像一缕烟雾一样，是短暂的事实，社会如此，世界亦然。灵魂坚定地向前看，在她前面创造一个世界，在她身后留下了许多世界。她没有日期，没有仪式，没有容貌，没有特点,没有人。灵魂只认识灵魂。事件的网就是她穿的飘动的长袍。

　　灵魂的前进速度是遵照它自己的法则,而不是用算术来计算的。灵魂的进步不是由那种能够以直线运动为代表的循序渐进形成的;而是由那种能够以变态为代表的状态升华造成的——由卵到蛹,再由蛹到蝇。天才的成长具有某种完整的特征,它并不让选中的个人先超过约翰,再超过亚当,再超过理查,使每个人自惭形秽,痛苦不堪,而是通过一阵阵生长的剧痛,人在他工作的地方扩张,随着一次次脉动超越人们的各个阶级、群体。随着每一次神圣的冲动,心灵撕破可见与有限事物的薄皮,出来走进永恒,便呼吸起它的空气来。它跟世界上人们常说的真理交谈,逐渐意识到对芝诺和阿里安②有一种比对安居家中的人们还要深切的同情。

　　这就是道德法则和精神增进的法则。仿佛通过特定的轻率,单纯的人们不是升入某一个德行,而是升入所有德行的领域。他们便置身于包含所有德行的精神里。灵魂需要纯洁,但纯洁并不是灵魂;灵魂需要正义,但正义也不是灵魂;灵魂需要慈善,但它是某种更好的东西;这样,当我们暂时不谈道德天性,而去促进它所责令的一种德行时,就有一种低就的感觉。

　　神圣教导的一种方式就是赋予精神一种像我自己这样的形体——多种形体。我在社会里生活,一起的人符合我内心的思想,或者对我生活所遵循的伟大本能表现出某种服从。我看到他们获得了那种精神。我得到证明存在着一种共性,而这些另外的灵魂,这些分离的自我,吸引着我,这是别的任何东西都做不到的。它们在我的心里激起了我们称之为激情的种种新鲜的感情:爱、恨、恐惧、仰慕、怜悯;由此便产生了会话、竞争、规劝、城市和战争。人是灵魂的这种基本教导的补充。年轻时我们对人们着了迷。童年和青年在人们身上看见了整个世界。然而人的更广阔的经验发现同一个天性贯穿于所有的人。人们本身要我们熟悉非人的东西。在两个人之间的一切会话中,两人心照不宣地涉及一种共性,就像涉及第三者一样。那个第三者,或者共性,是不交际的,它是非人的,它就是上帝。在认真的分组辩论中情况也是这样,尤其在辩论高深的问题时,在座的人们逐渐意识到那种思想在所有的胸怀里上升到相同的高度,所有的人跟说话人一样在所说出的话里都占有一份精神财富。他们大家都变得比原先聪明。这种统一的思想,在他们头顶上形成一座庙宇似的穹隆,在那里每一颗心都带着更高尚的权利感和责任感在跳动,带着一种非凡的庄严在思索,在行动。人人都意识到要达到一种更高的自制。它为大家而发光。有一种人类的智慧是最伟大的人同最低贱的人所共有的,那是我们的普通教育往往费尽心机去压制和阻碍的东西。心灵是一个,而最优秀的心灵为真理而爱真理,不大考虑真理当中的财富。他们怀着感激之情到处接受真理,不在上面贴任何人的标签,盖任何人的印章,因为它早在很久很久以前就属于他们了。渊博、勤奋的思想家并不垄断智慧。他们强烈的倾向在某种程度上使他们不能真正思考。我们认为有些人并不太敏锐,也不太深沉,说起话来不费周折，却提出了宝贵的意见，这正是我们长期以来求之不得的东西。有些东西只可意会不可言传，有些事情任何谈话都要说起，灵魂在前一种情况下的活动更为经常。它俯视着每一个社会，人们无意识地在彼此身上寻找着它。我们的认识比实践要强。我们并没有掌握我们自己，我们同时却知道我们要高明得多。我感到在我跟邻居的琐碎谈话中，同一个真理经常出现，我们每个身上的某种更高超的东西在俯视着这场插曲，在我们每人的身后，天神在向天神点头。

　　灵魂发现真理并揭示真理。我们看见了真理也就认识了真理，让怀疑论者和冷嘲热讽的人信口开河去吧。如果你对蠢人说了他们不愿听的话，他们就要问你："你怎么知道它是真理，不是你自己的一个谬误？"我们从观点上看到了真理，也就认识了真理，就像我们醒着时，我们知道我们在醒着一样。埃曼努尔·斯维登堡有一句名言，一语道破了人的知觉的伟大："能够证实一个人喜闻乐见的任何事物，并不是一个人的理解力的证据；然而能够辨明真的就是真的，假的就是假的，这才是知性的标志和特点。"在我所读的书里，好思想把整个灵魂的形象归还给我，就像每一个真理会做的那样。对于我在书中发现的坏思想，同一个灵魂则变成了一柄洞察秋毫、斩断一切的利剑，把它一剑砍掉。我们比我们所知道的聪明。如果我们不愿意干预我们的思想。而愿意完全彻底地行动，或者愿意看看事物怎样存在于上帝身上，我们就知道了那件事，也知道了每件事、每个人。因为万物和人的创造者就站在我们身后，把他令人敬畏的全知通过我们投射到事物上。

然而，除了在个人经验的某些进程中认识它自己，灵魂还揭示真理。在这里，我们应当设法凭借灵魂的在场加强我们自己，并且设法用那种降临的一种更高贵的语气说话。因为灵魂传达真理是自然界至高无上的事件，由于它不是从自己身上给一点东西，而是给它本身，或者进入、或变成它所启迪的那个人；或者根据那人所接受的真理，把他带到它自己那儿去。

我们用"启示"这个词来辨别灵魂的宣告，即它对自己个性的显示。这些总是由崇高的感情伴随着。因为这种交流就是神圣的心灵流进我们的心灵。它是个人的涓涓细流在汹涌澎湃的人生大海前表现的一种退落。对这一中心指令的每一个明确的理解都在人们心里激起敬畏和喜悦。对于接受新的真理，对于一次伟大行动的表现，所有的人都会感到一阵激动，它是从天性的心中流露出来的。在这些交流中，观照能力并没有与行为意志分开，不过洞见来自服从，服从却来自一种快乐的知觉。个人感到受灵魂侵袭的每个时刻都是难以忘怀的。由于我们性情上的需要，个人一意识到那种神圣的存在，某种热情就随之而来。这种热情的特性和持久因个人的情况不同而不同，从一种迷狂、出神和预言的灵感——这是它较为罕见的显露——到美好的感情最微弱的闪光,它用的这种形式,就像我们家里的火一样,温暖着人们所有的亲朋好友,使社交成为可能。

……

这些启示的性质是相同的,它们都在感知绝对法则。它们在解决灵魂自己的问题。它们不回答理解力提出的问题。灵魂回答问题用的不是言语,而是被询问的事物本身。

启示就是灵魂的显露。

灵魂伟大而又坦白。它不阿谀奉承,它不步人后尘,它决不抛开自己求助于他人,它相信自己。在人的巨大可能性面前,一切单纯的经历,一切过去的传记,不管多么圣洁,都要退避三舍。在我们的预感给我们预示过的那个天国面前,我们不能随便称赞我们看到的或读到的任何生活方式。我们不仅可以确认我们的伟大人物寥寥无几,而且甚至可以绝对地说,我们连一个也没有;而且关于任何生活特点或生活方式,我们没有令人满意的历史记录。历史所崇拜的圣徒和神人,我们被迫有所保留地承认下来。虽然在我们寂寞的时刻,我们从对他们的回忆中吸取了一种新的力量,但是由于他们被重重地压迫在我们的注意力上,就像他们受到那些没有思想和循规蹈矩的人的压迫一样,他们感到疲劳,又在侵犯他人。灵魂纯洁、孤独、有创见,把自己奉献给纯洁、孤独、有创见的人,他在这种情况下也乐意托身于它,引导它并通过它来讲话。于是它就显得快乐、年轻、敏捷。它并不聪明,却能够洞察万物。不能说它是神圣的,但却是天真无邪的。它把光明称为自己的,并且感觉到草木生长、石头落地,都依照一条低于它的天性而又依赖它的天性的法则。它说道:看啊,我被生育到那伟大普遍的心灵里。我尽管不完美,却崇拜我自己的"完美"。不知怎么回事,我易于接受那伟大的灵魂,反而忽略了太阳和星辰,觉得它们完全是一些千变万化、转瞬即逝的偶然事件和印象。永恒的自然的越来越多的波涛涌入我的心田,在我的考虑和行动中,我变得热心公益,关心人类。于是我的生活充满了思想,行动洋溢着活力,这些都是不朽的。由于敬重灵魂,明白了古人说的"它的美是无限的"③,人将会看到世界是灵魂创造的永久的奇迹,对某些具体的奇迹就不那么惊讶了;人将会知道:不存在渎神的历史,所有的历史都是神圣的;宇宙表现在一粒原子之中、一分一秒之中。他不愿再编结一种像百衲衣一样污迹斑斑的生活,④却愿意跟一种神圣的统一生活在一起。他会同他生活中低贱、轻浮的东西决裂,然后随遇而安。他将平静地面对明天,疏忽了那把上帝带在身边的信任,这样,在心底里就已经有了整个未来。

---

① 参见拜伦《该隐》第 1 幕第 1 场,第 536—537 行。
② 芝诺和阿里安分别为公元前 3 世纪和前 2 世纪的斯多葛派哲学家。
③ 引自普罗提诺《论美》。
④ 参见《哈姆雷特》第 3 幕第 4 场,第 102 行。

论补偿

对立，或者作用与反作用，我们在自然界随处可见：黑暗与光明，冷与热，水的涨落，男性和女性，动植物的呼和吸，动物体内的液体的质与量的均衡，心脏的收缩与舒张，流体和声音的起伏波动，离心力和向心力，静电、流电和化学亲和力。在指针一端外增加磁力，另一端就产生相反的磁力。如果南极吸引，北极则要排斥。为了腾空这里，你必须压缩那里。一种不可避免的二重性把大自然一分为二，所以，每一件事物只是一半，并且表明还有另一半才能使事物形成一个整体，例如：精神与物质，男人和女人，单与双，主观和客观，内与外，上和下，动与静，是和非。

世界是两重性的，它的每一个组成部分也莫不如此。万物的整个体系都表现在每一个粒子里。在一根松针里，在一粒谷子里，在每个动物群的每一个个体中，都有某种类似于海潮涨落、白昼黑夜、男人女人的东西。反作用在自然力中表现得如此气势磅礴，在这些小小的范围内也要重演。例如，在动物界里，生理学家已经观察到没有一个动物是得天独厚的宠儿，却有一种补偿把每一种天赋和每一种缺陷都加以平衡。同一个动物的某一部分有所长，另一部分必有所短。如果头、颈增长，躯干和四肢就要缩短。

机械力的理论又是一例。我们在功率上有所增加，在时间上就有所减少；反之亦然。行星的周期或补偿误差又是一例。气候土壤在政治历史中的影响又是一例。寒冷的气候能强身，贫瘠的土地繁殖不出热病、鳄鱼、老虎或蝎子。

同样的二重性构成了人的天性和状况的基础。过火引起不及，不及造成过火。每甜必有其酸，每恶必有其善。每一种接受快乐的官能一经滥用就受到相应的惩罚。这就是要说明生命不息、中庸不止的理由。给一点智慧就有一点愚蠢。你在一件事上有所失，在另外某件事上就有所得；你若有所得，也就必有所失。如果财富增加，利用财富的人也就相应增加。如果采集者采集得过多，大自然就把放进此人胸中的东西拿走；膨胀了财产，却葬送了财主。大自然憎恨垄断和破例。尽管海浪掀天，但立即又趋向一个平面，虽然状况千差万别，但容易取得均衡，前者速度并不比后者快。总是存在着某种平均主义，把专横跋扈之徒、富强幸运之辈基本上拉到其他人的同一个水准上。如果一个人对社会来说太强大、太凶残，而且从性情和立场上讲，是一个坏公民——一个乖戾的恶棍，身上有海盗的一股闯劲——大自然就送给他一群漂亮的儿女，都在乡村学校里女教师的班上学习，对他们的疼爱和惧怕就把他的一脸杀气化为满身斯文。大自然就这样设法把花岗岩和长石软化，把野猪的习性拿出去，把羔羊的气质放进来，严格维持着她的平衡。

宇宙体现在它的每一个粒子里。自然界的每一件事物都包含着大自然的一切机能。每一件事物都是由一种隐秘的材料构成的，正如博物学家在每一种变态的下面看出了一种类型，把马看成奔跑的人，把鱼看成游泳的人，把鸟看成飞翔的人，把树看成扎根的人一样。每一种新的形式不仅重复了该类型的主要特征，而且按相应的部分逐一重复了另外每一种类型的所有的细节、所有的目的、促进、妨碍、能力和整个体系。每一种职业、行当、技艺、事务，都是世界的一个纲要，与别的每一种事物无不息息相关。每一件事物都是人生的一种完整的象征，是人生的善与恶、人生的考验、人生的敌人、人生的进程和目的的一种完整的象征。每一件事物必须以某种方式容纳完整的人，详述他的全部命运。

世界把自己浓缩在一滴露珠里。显微镜发现不了那种由于小而欠完善的微生物。眼睛、耳朵、味觉、嗅觉、运动、阻力、欲望以及控制永恒的生殖器官——都找到空间寓于这小小的生物里。所以我们把我们的生命注入每一种行动中。无所不在的教义就是：上帝完完全全地重现在每一个苔藓和蛛网里。宇宙的价值设法把自己表现在每一点上。哪里有善，哪里就有恶；哪里有吸引，哪里就有排斥；哪里有力量，哪里就有限制。

所以，宇宙是活的。万物是有道德的。灵魂如果在我们身内，就是一种感情，在我们身外，就是一种规律。我们感到了它的灵感；在外面的历史中，我们能够看到它决定命运的力量。"它存在于世界之中，世界是由它创造的。正义不会拖延。一种尽善尽美的公正,在生命的各个部分调整平衡。Οἱ Χύβοι Διὸς ἀεὶ ἐν πίπτουσι① ——"上帝的骰子总是灌上铅的。"世界看上去像一个乘法表或一个数学方程式,你无论怎样移项,它都维持着自己的平衡。你无论取什么数字,你仍然会得到它的准确值,不多也不少。有密必泄,有罪必罚,有德必报,有错必纠,不声不响,确定无疑。我们所谓的报应就是那种普遍的必然,因为有它,凡出现部分的地方一定也会出现整体。你看见了烟,一定就有火。你看见一只手或一条腿,你就知道后面就有它所属的躯干。

万物都是双重的,一重反对另一重。——以刀还枪,以眼还眼,以牙还牙,以血还血,一报还一报,以爱还爱。——给出去必定还回来。——谁洒水,身上必定要沾水。——你要什么呢?上帝说,一手交钱,一手取货。——不冒风险,一无所获。——按劳取酬,不多也不少——不劳动就不得食——害人反害己。——谁若诅咒人,灾祸就临头。——你若把一条铁链拴在一个奴隶的脖子上,它的另一头就自动缠到你自己的脖子上。——出鬼点子的人没有好下场。——魔鬼是头驴。

之所以这么写,就因为生活中就有这样的事。我们的行为受自然规律支配,也表现了它的特点,这是不以我们的意志为转移的。我们往往目光短浅,把公共利益撇在一边,然而我们的行为在不可抗拒的磁力影响下使自己与世界的磁极保持一致。

一个人一说话就等于给自己下断语。顺心也好,违心也好,他的每一句话都在同伴的心目中替他自己画像。他说出的每一种看法都对自己产生影响。它是一个投向目标的线球,然而另一头仍然装在投掷者的口袋里。或者它更像一柄投向鲸鱼的渔叉,它从小船的一盘绳索上松开,向前飞去,如果渔叉质量不高,或者投得不得法,它就又返回来把叉手砍为两段,或者把小船击沉。

谁作孽,必受罚。"谁若有一点妄自尊大的做法,谁就必受其害,"柏克[②]说。一心要单独过时髦生活的人看不到他在力图独享欢乐时反而把自己排除在欢乐之外。宗教中的排他主义者看不出他竭力把他人拒之门外时,等于对自己关上了天堂的大门。谁把他人当小卒或九柱戏一样摆弄,谁就像他人一样受罚。如果你忽视他人的心,你必定会失去自己的心。感觉会把一切人化为物,把妇女、儿童、穷人都化为物。俗谚云,"我要么从他的钱包里搞到,要么就从他的皮肉里榨取。"这倒是一种万无一失的哲学。

尽管世界愿意浑然一体,拒不接受分裂,我们还是想方设法零散行动、分崩离析、据为己有。例如:为了满足感官享受,我们把感官的享乐与人格的需要截然分开。人的智谋一直被用来解决一个问题——如何把感官上的甜美、感官上的强壮、感官上的鲜艳等等与道德上的甜美、道德上的深沉、道德上的清白分开;也就是说,再一次设法把这个表面刮到薄得连底也保不住的程度,再一次设法只顾一头,不要另一头。灵魂说,吃吧,肉体就美餐一顿。灵魂说,男人和女人应当是一个肉体,一个灵魂,肉体只不过是把肉合为一体罢了。灵魂说,为了美德的目的,统治万物吧;肉体却为了自己的目的主宰万物。

灵魂极力通过万物生活、行动。这可能是唯一的事实。万物必将附加到它身上——能力,欢乐,知识,美。某人希望成为一个要人,竭力树立自己的形象,千方百计谋取一种私利,说具体一点吧,要骑马,他就可以骑马;要穿衣,他就可以穿衣;要吃,他就可以吃;要统治,他就可以举世瞩目。人力图成为伟人,他们会拥有地位、财富、权力、声名。他们以为伟大就是占有自然的一个方面——甜,而没有另一个方面——苦。

这种割裂手法遭到了坚决的抵抗。必须承认:直至今日,这样的谋划者连最微小的成功也没有取得。我们一抽手,分开的水又合为一体。一旦我们设法把这些东西从整体中分离出来,欢乐就脱离了欢乐的事物,利益就脱离了有利的事物,力量就脱离了强大的事物。我们无法把事物一分为二,单独提取感官上的好处,正如我们无法得到一种无表之里、无影之光一样。"用一把草杈把自然撵出去,她就又跑了回来。"③

上帝造的每一件事物都有缺陷。似乎总是有这样一种惩罚性的事件出人意料地悄悄潜入,甚至潜入人的幻想企图借以消闲、并摆脱古老的清规戒律的最狂放的诗歌中——这种反击,枪炮的这种后坐力,证明规律是不可避免的;证明在自然界,什么都不能白给,一切都要索取代价。

每一种举动都报答自己，或者换句话说，用一种双重的方式完善自我：首先是在事物中，或者在真正的自然中；其次是在情况中，或者在表面的自然中。人们把情况叫做报应。因果报应表现在事物中，可以被灵魂看见。情况中的报应可以被知性看见，它跟事物是分不开的，然而往往延续很长时间，因此直到很多年以后才会清晰可见。明确的鞭痕跟在鞭挞之后出现，然而鞭痕之所以随之而来，因为它是伴随着鞭挞的。罪与罚是一个茎上的产物。罚是果，它出人意料地在包藏它的快乐之花中成熟。原因与结果，手段与目的，种子与果实，是不可分割的，因为结果已经在原因中开花，目的预先在手段中存在，果实早就在种子里孕育。

在我们的社会关系中，凡与爱和公道背道而驰的做法很快受到惩罚。惩罚它们的就是恐惧。在我跟我的同类关系单纯时，我遇见他并没有什么不快。我们相遇，就像水遇到了水，或者像两股气流混合在一起，具有大自然完善的扩散和渗透性能。然而，一旦失去单纯，有平分秋色的企图，或者，出现了对我有好处、而对他并没有好处的情况，我的邻人就觉得冤屈。他躲开我，就像我已经躲开他一样远。他的目光再不寻求我的目光，我们之间产生了冲突，他有了仇恨，我却有了恐惧。

社会上的一切陈规陋习，不论是普遍的还是特殊的，一切以不公正的手段积累的财产和权力，都以同样的方式受到报复。恐惧是大智的良师，也是一切革命的先驱。他的一个教诲就是：他在哪里出现，哪里就有腐朽。他是一个食腐肉的乌鸦，虽然他为什么盘旋，你还不甚了了，但那里肯定有死亡。我们的财产胆小怕事，我们的法律胆小怕事，我们有教养的阶级胆小怕事。恐惧世世代代都是政府和财产的预兆，对它们做鬼脸，瞎唠叨。那种晦气的鸟并不是平白无故地飞到那儿的。它表明有必须纠正的大错存在。

我们的自愿活动一中止，就立即产生了对于变化的期待，这种期待也具有类似的性质。万里无云的正午的恐惧，波吕克拉忒斯④的绿宝石，对成功的敬畏，那种使每一个慷慨的灵魂把一种高尚的苦行主义和替人受罪的美德的任务强加在自己身上的本能，凡此种种，都是通过人的思想感情所产生的颤巍巍的正义平衡。

老于世故的人深知最好是边走边清账，而且也清楚：一个人往往因贪小便宜而吃了大亏。借钱物的人先欠了自己的债。一个人得到一百种好处，一点也不回报，难道他有所得吗？一个人出于懒惰或狡诈，借了他的邻居的用具、马匹、金钱，难道他有所得吗？由于这一举动人们立即承认一方在赐惠，一方在欠债。也就是说，立即承认一方优越，一方低劣。这笔交易仍留在他本人和他的邻居的记忆里，每一笔新的交易都要按其性质改变他们的相互关系。他也许很快就明白过来：他宁肯折断自己的骨头也不愿坐他邻居的马车，而且也了解到"他对一件东西能付的最高价格莫过于张口乞求"。

一个明智的人会把这种教训推广到生活的各个方面,而且还会知道:面对每一个请求者,满足对你的时间、你的才能或你的心愿的每一种合理要求,就是谨慎的本分。永远偿还,因为无论早晚,你必须偿还你的全部债务。你是否公正,人与事一时还不忙下断语,然而,那只不过是延宕而已。最终你必须偿还你自己的债务。如果你明智,你就害怕成功,因为那只能增加你的负担。利益是大自然的目标。然而你获得每一项利益,就要交一笔税款。谁把大多数利益给人,谁就伟大。谁只受惠不报答,谁就卑鄙——这样做是世界上唯一的卑鄙事情。在大自然的秩序中,我们不能从谁那儿得到利益就报答谁,或者可以说难得这么做。然而,我们得到的利益必须报答给他人,一个行当对一个行当,一种行为对一种行为,一分钱对一分钱。当心不要使你手中的好处太多。要不,它很快会腐烂生蛆的。赶快以某种方式交付出去吧。

　　每一件事都有两面:一面善,一面恶。每一种利益都有自己的负担。我学会了知足。然而补偿的教义不是冷漠的教义。听到这些描述后,没有思想的人就说,干好事有何用?一件事既有好处又有坏处,如果我得到好处,我必须为它付出代价;如果我失去好处,我还会得到另外的好处;一切作为都是无所谓的。

　　对心智,即自己的天性来说,灵魂中还有一种比补偿更深刻的事实。灵魂不是一种补偿,而是一种生命。灵魂存在着。事态犹如汹涌的大海,海水以完美的平衡涨落。在这个大海下面,有真正"存在"的原始深渊。"本质"或者上帝,不是一种关系,也不是一个部分,而是整体。存在就是巨大的肯定,排除了否定,有自我平衡,把所有的关系、部分和时势统统吞下肚去。自然、真理、德行就是从那里涌进来的。恶就是没有或离开同一种事物。子虚乌有也许真正像茫茫黑夜或阴影一样耸立着,活的宇宙把它作为一幅背景,在上面把自己画出来;然而事实并不是乌有产生的,它起不了作用,因为它不存在。它不行善,它不作恶。它就是恶,因为不存在劣于存在。

我们觉得由于种种恶行,我们的报答被骗走了,因为罪犯坚持他的罪恶,一味进行抗拒,而且在任何地方都不以明显的方式改邪归正或接受审判。当着人和天使的面,对他的胡言乱语没有一针见血的批驳。因此难道他就智胜法律一筹?因为他满身的邪恶与谎言,因此,他已同自然永诀了。邪恶也会以同样的方式向知性演示一番,然而,只要我们看不到它,这一致命的扣除就结清了那永恒的账目。

另一方面,不能说正直的获得必定以某种损失为代价。对于美德就没有惩罚,对于智慧就没有惩罚,它们都是存在的正当增补。在一种善良的行为中,我正当地存在着,在一种善良的行动中,我对世界有所增补;我把植物栽进从"混沌"和"乌有"中征服过来的沙漠中,并且看见黑暗在天边退去。爱没有过度,知识没有过度,美没有过度,如果把这些品质在最纯正的意义上加以考虑的话。灵魂不要限度,而且永远肯定一种乐观主义,决不肯定一种悲观主义。

自然灾害史也是这样。那些每隔不久就要破坏人的成功的变革就是一些其规律为生长的大自然的广告。根据这种固有的需要，每一个灵魂在放弃它的一整套事物，它的朋友、家庭、法律、信仰，如同贝壳类动物爬出它美丽而又坚硬如石的壳，因为这个壳不再允许它的生长，然后慢慢形成一个新的住所。这些革命屡屡发生，是跟个人的活力相适应的，到了后来，在某种更为愉快的心境下革命不断进行，一切人间关系非常松散地围绕着个人，可以说变成了一种透明的液体膜，透过它所看见的活的形体并不像大多数人的情况那样，是一种硬化了的多相组织，包括很多日期，没有固定的特点，人就囚禁在里面。然后就会产生扩张，今天的人很难认出昨天的人。而总有一天，人的外传应当如此，把死去的情况一天天脱去，就像他一天天更新自己的服装一样。然而，在我们废置的地产上，这种生长在休息，而不是在前进，在抵抗，而不是与神圣的扩张合作，就这样，它突然来到我们身边。

我们无法跟我们的朋友们分别。我们无法让我们的天使走开。我们看不出他们仅仅是出去而已，看不出天使长可以进来。我们是故旧的盲目崇拜者。我们不相信灵魂的富有，不相信它特有的永恒和无处不在。我们不相信今天有任何力量可以与昨天媲美，并且重新创造它。我们在古帐篷的遗址上流连忘返，因为我们曾在那里吃住生活，我们也不相信精神能够哺育、庇护、激励我们。我们再也发现不了那样宝贵、那样甜美、那样优雅的事物。然而我们坐着哭泣，也是徒然。全能的上帝的声音说道：

"永远上进!"我们不能在废墟中流连。我们又不愿意依赖新生事物;于是我们走起路来总是眼睛转向后面,就像那些朝后看的怪物一样。

然而,久而久之,灾难的补偿也呈现在理智的眼前。热病、断肢、失望、折财、丧友,在当时似乎是未曾补偿的损失,也是无法弥补的。然而万全的岁月显露出潜藏在一切事实之下的极大的补救能力。朋友、妻子、兄弟、恋人的亡故似乎不是别的,就是丧亲,然而后来,却呈现出一位导师或天才的面貌。因为它通常在我们人生的道路上发动了一场场革命,宣告了等待结束的幼年或青年时代的终结,打破了一种惯常的活动、一个家庭或生活方式,形成新的,以便对性格的发展更有好处。它允许或强制形成新的相识,接受新的影响,事实证明这一切在往后的岁月里是至关重要的,而那本来要当一朵向阳的庭园中栽培的花朵的男女,根子没有发展的余地,头上的日照又太多,可是由于园墙的倒塌和园丁的忽视,反而被造就为森林里的榕树,为远远近近的人们遮荫、结果。

---

① 希腊文,引自索福尼勒斯,后面是爱默生的口语化译文。
② 艾德蒙·柏克(1729—1797),英国政治家。
③ 引自古罗马诗人贺拉斯《书札》第 1 卷第 10 章。
④ 波吕克拉忒斯,古希腊神话里统治萨摩斯的暴君。他由于自己走运而害怕复仇女神,曾向海里扔进一颗绿宝石,可那宝石却装在一条鱼的肚子里返回到他手中。

论　圆

　　人生是一个自我发展的圆,它从一个小得看不见的圆圈开始,从四面八方向外冲,涌现出一个个新的越来越大的圆,而且永远没有止境。这种圆的形成,轮外有轮,将要进展到什么程度。那就取决于个人灵魂的力量或真诚了。因为每一种思想已经把自己变成事态的一个圆形波浪——譬如说,一个帝国,一种艺术准则,一种地方习俗,一种宗教仪式——它做出迟钝的努力,把自己倾泻到波脊上,凝固和围困生命。如果灵魂敏捷有力,它就从四面八方迸出那个界限,在大海上扩张出另一个圆圈,它也可以涌起一个高浪,怀着再次阻止、凝固的企图。然而心拒绝接受禁锢;在它最初最小的悸动中,它已经倾向于用一种巨大的力量向外进行无边无际的扩张。

　　每一件终极事实只不过是一个新系列的最初事实。每一个一般规律只不过是即将表露自己的某个更一般的规律的一个特殊事实。对我们来说,没有界外,没有围墙,没有圆周。人完成了他的故事——多么精彩! 多么确定! 这个故事怎样使万事万物旧貌换新颜! 他顶天立地。看啊! 那边也出现了一个人,我们刚刚宣布过一个圆的范围轮廓,他就围绕着那个圆又画了一个圆。这样一来我们的第一位发言者不是人，仅仅是一个第一发言者了。他唯一的补救就是立即在他的对手的外面画一个圆。人们自己就是这么做的。今天的结果萦绕在心头，想躲也躲不开，它立即会被压缩成一个词，而那仿佛在解释天性的原理将会把自己也包容进去，成为一种更大胆的概括的实例。在明天的思想里，有一种力量把你的信条、把各个国家的一切信条、一切文学，都高高举起，并把你领向一个史诗的梦想从来没有描绘过的天堂，每个人与其说是世界上的一个工作者，还不如说他只不过在提示他应当成为什么。人们只是作为下一个时代的预言行动着。

我们一级一级爬上这神秘的梯子：这些梯级就是行动，新的视野就是力量。各个结果都受到随后的结果的威胁和裁判。每一个结果似乎都受到新结果的反驳，它只不过受到新结果的限制而已。新的说法总遭到旧说法的憎恨，对那些死抱住旧说法不放的人来说，新说法的出现就像一个怀疑主义的万丈深渊。然而，眼睛很快就习惯了新事物，一种因的多种果是利于眼睛和新事物的，随后便显露出它的纯洁和长处，不久以后，它的精力耗尽了，它在新时期的曙光面前便默然失色，一蹶不振了。

可以把自然界想象为一组同心圆，不过我们不时在大自然中发现情况略有出入，这就告诉我们，我们现在所站的这个表面并不是固定的，而是滑动的。这些多种多样、紧密相连的性质，这种化学和植物,这些金属和动物,好像为自身的缘故生存着,实际上它们只不过是一些手段——是上帝的语言,就像别的语言一样转瞬即逝。如果博物学家或化学家已经探索过原子量和有择亲和力,都尚未发现那种更深刻的法则,关于它只有一个不完全或近似的说法,即同声相应,同气相求;属于你的东西就受到你的吸引,不必苦苦求索,这难道说他就学会了自己的技艺吗?然而,那种说法也是近似的,不是终极的。无处不在是一种更高深的事实。朋友和事实并不必通过微妙的地下的渠道被吸引到各自的对应者那儿去,经过正确地考虑,这些事物都是由灵魂永久繁育而来的。因与果是一个事实的两面。

我们贪婪地追求的一件事就是忘记我们自己,出其不意地使我们忘掉自己的特点,失去我们永久的记忆,去做某种事情,却不知道怎样做,为什么做;总而言之,就是画一个新的圆。伟大的事情没有热情是办不到的。生活的道路奇异无比:那就是依靠放弃。历史上的伟大时刻就是通过天才和宗教作品这样的思想力量所达到的运用自如。奥利佛·克伦威尔说:"当一个人不知道正走向何方时,他才升到了最高点。"

一个人的公平是另一个人的不公平;一个人的美是另一个

人的丑；一个人的智慧是另一个人的愚蠢；如果你站得高一点去观察同样的一些事物，你发现情况就是这样。一个人认为还债是天公地道的事情，对另一个人不负责任、让债主苦等的做法感到深恶痛绝。可是第二个人有他自己看待事物的方法；他扪心自问：我先得偿还哪一笔债，先还富人的债，还是先还穷人的债？还钱财债，还是还欠人类的思想债，或是欠的自然的天赋债？经纪人啊，对你来说，除了算术，没有别的原则。对我来说，商业是小事一桩；爱、信仰、性格的真诚、人的志向，这些才是神圣之物；我不能像你一样，把一个责任同其他的一切责任截然分开，全力以赴去机械地偿还钱财债。让我继续生活下去；你一定会发现，虽然比较缓慢，我性格的进步将会了结这些所有的债务，对更高的要求不会不公平。如果一个人全力以赴去偿还钞票债，这难道不是不公平？难道他欠的债务没有别的，只有金钱？难道对他的一切要求都该放到房东和银行家对他的要求之后？

　　没有一种善是最终的；一切都是最初的。社会的善就是圣徒的恶。我们对改革产生恐怖，就是因为发现我们必须把我们的善行，或者我们总是那样敬重的东西，扔进已经吞噬了我们的更大恶行的同一个坑里。

　　　"原谅他的罪恶，也原谅他的美德，

　　　　那些较小的过错，一半都变成了正确。"

　　然而这种万物共享的不停的运动和进步只有通过跟灵魂里

的某种固定或稳定原则加以对比，我们才能明白。当圆的永恒
增生在继续时，那永恒的增生器也在坚持。那种中心生命比创
造优越一点，比知识和思想也优越，所以把它所有的圆都包含进
去了。它不断努力要创造一种像它自己一样广阔、一样优秀的
生命和思想，却徒劳无功；因为已经造就的东西在指导怎样造就
一个更好的。

这样，就没有睡眠，没有停顿，没有保存，只有万物的更新，
萌发，生长。我们为什么要把破烂和残迹输入新的时刻呢？大
自然厌恶衰老的事物，老年似乎是唯一的疾病，别的一切都往这
一个里奔涌。我们用繁多的名目称呼它——狂热、放纵、疯狂、
愚蠢、罪恶；它们都是老年的种种形式；它们是静止、保守、挪用、
惰性、陈旧、停滞，不是新颖，不是前进。我们一天天愁白了头
发。我看没有这个必要。当我们与高于我们的东西交谈时，我
们就不会变老，只会变年轻。幼年、青年，勇于接受，意气风发，
用虔诚的眼光向上看，把自己并不当作一回事，而是沉湎于从四
面八方涌来的教导。然而，古稀之年的老头儿、老太婆假装万事
通，他们已经老了，没有什么希望，他们放弃了自己的抱负，把现
实当作必然接受下来，并且用高人一等的口气对青年人训话。
那就让他们变成圣灵的喉舌吧；让他们当恋人吧；让他们看到真
理吧；这样一来，他们的眼睛就会向上，他们的皱纹就会消失，他
们会再次洋溢着希望和活力。这种老年不应当悄悄地爬上人的
心头。在自然界，每时每刻都是新的，过去总是被吞没、被忘却；
只有来者才是神圣的。除了生命、变迁、奋发的精神，没有什么
可靠的东西。爱不能受誓言和契约的约束去防范一种更高尚的
爱。再崇高的真理明天在新思想的光照下也会显得平凡。人们

希望安定,只有在不安定的情况下,他们才有希望。

　　生活就是一系列的惊人事件。我们在构建自己的存在时,今天猜不出明天的情绪、欢乐和力量。关于比较低级的情况——关于日常的行动和感觉——我们可以说出个大概;然而,上帝的杰作、灵魂的全部生长和普遍运动,他却隐藏着;那是无法预测的。我可以知道真理是神圣而有益的,可是它要怎样让我受益,我却无法猜测,因为如此存在是如此认识的唯一入口。进步的人的新立场具有旧立场的一切能力,然而已经把它们全部更新了。它胸怀过去的一切能力,它本身却是一种清晨的气息。在这种新的时刻里,我抛弃了我原来积存的所有知识,觉得它们空虚无聊。现在,有生以来第一次,我仿佛对任何事物有了正确的认识。最简单的词汇——我们不知道它们的意义,除非在我们爱和追求的时候。

论　爱

　　灵魂的每一项许诺①都有无数的履行手段;它的每一种欢乐都成熟为一种新的需求。无法抑制、随意流动、永向前看的天性,在最初的善意中已经提前表现出一种在其普遍的光照中必将失去特殊关注的仁慈。这种幸福的引进存在于人与人的一种隐秘而温柔的关系中。这种关系正是人生的魅力;它像一种神圣的狂热,一个时期突然把人抓住,在他的身心中掀起一场革命;把他和他的同类联合在一起,使他维护家庭和社会关系,怀着新的同情心把他领进自然,增强官能,开拓想象,给他的性格增添英勇、神圣的品质,缔结婚姻,使人类社会永世长存。

　　缱绻的柔情与太旺的欲火②的自然结合似乎提出了这样的要求:为了用每个少男少女都承认忠实于他们回肠荡气的经历的绚丽色彩把这一结合描绘出来,一个人不可年事过高。青春的美妙退想容不得半点老气横秋的哲学气,因为它用苍老的迂腐冻结他们的红嫣嫣的鲜花。因此,我深知我会招人非议,组成"爱的法庭和议会"的人们说我未免过于冷酷、淡泊,真是多此一举。然而,我要避开这些令人生畏的吹毛求疵者,求助于比我年尊辈长的人。因为应当认为:我们所论述的这种激情,虽然始发于少年,并不舍弃老年,或者说绝不让对它忠心耿耿的仆人变得老态龙钟,而是让老年人也来分享,并不亚于妙龄少女,只不过方式有所不同,境界更加高超。因为它是一种火,刚把一个胸臆深处的最初的余烬点燃,又被另一个心坎里迸发出来的游离的火星烧着,于是烈焰熊熊,愈燃愈旺,到了后来,它用自己的剧烈火焰温暖、照亮了千千万万的男女,温暖、照亮了全人类共同的心,因此也照亮了全世界和整个大自然。所以,无论我们设法描述二十岁时、三十岁时,抑或八十岁时的激情,都无关紧要。描绘它的初期就会失去它的后期,描绘它的末期必定丧失早期的某些特色。因此惟一的希望就是,靠耐心和缪斯的协助,我们可以洞悉规律的内情,它定会把一种青春常在、韶光永存的真理描绘得如此集中,以至于不论从哪一个角度看,都一目了然。

而首要的条件是:我们不可过分拘泥于事实,而必须研究出现在希望中而不是在历史中的感情。因为每个人看见自己的生活面目全非,形容残破,而人生在他想象的心目中并非如此。每个人在自己的经历上看见了某种瑕疵,而别人的瑕疵也显得美丽绝伦。一些融洽的关系使人生变得美好,给人最诚挚的启迪与滋养,现在如果让一个人重温那些关系,他一定会退缩、哀叹。唉!我也不知道为什么,反正人生进入不惑之年后无限的悔恨苦害了对青春时欢乐的回忆,湮没了每一个可爱的名字。每一种事物如果从理智的角度看,或者被视为真理,都是美丽的。然而如果被视为经历,则全是苦涩的。细节总是郁郁寡欢;计划则显得宏伟壮丽。在现实世界——时间与地点的痛苦王国——里,忧患重重,疮痍满目,恐惧无穷。对于思想,对于理想则有永恒的狂喜、如花的快乐。所有的缪斯都围着它欢唱。然而悲痛总是对一个个名字，一个个人，以及今天与昨天的局部利益恋恋不舍。

私人关系这一话题在社交谈话中占有相当的比例，天性的强烈爱好由此可见一斑。关于一个名人，有什么能像他在情史中的表现那样引人关注呢？巡回图书馆里流通的是什么书呢？如果讲故事时闪烁出真情与天性的火花，我们读这些爱情小说是怎样喜形于色啊！在生活交际中，什么能像流露两情缱绻的段落那样引人入胜呢？也许我们和他们素昧平生，将来也无缘相见。然而我们看见他们互送秋波或者流露出一往深情，于是我们就不再是陌路人。我们理解他们，对这段恋爱的情节发展倾注了最大的热情。世人皆爱有情人。踌躇满志和仁慈宽厚的最初显现是天性的最迷人的画面。这是粗鄙之辈身上斯文的曙光。

人就是爱的世界，年轻的灵魂在这里的自然中彷徨无主，后来投入爱的怀抱，最冷静的哲学家每当描述这种恩惠时，也不由得要收回一些有损社会本能的话，因为那是拂逆天性的。因为，虽然那种从天而降的狂喜只落到妙龄青年身上，虽然那不容分析，无法比较，使我们神魂颠倒的花容玉貌在人过中年时难得一见，然而，对这种情景的回忆比其他的一切回忆都要持久，而且是一顶戴在白发苍苍的额头上的花冠。然而，这里有一件奇怪的事实；很多人在重温自己的经历时，似乎都觉得：在他们一生的书本中,最美好的一页莫过于对一些段落的甜蜜的回忆,在那里,爱情设法对一些偶然、琐碎的事件赋予一种魅力,竟然超过了爱情本身的真理所具有的深沉的吸引力。在回首往事时,他们可以发现:几件并非魔力的事情对求索的记忆来说,比把这几件事铭刻于心的魔力本身更加真切。然而,无论我们的具体经历如何,谁也不可能忘怀那种力量对他的心智的探访,因为正是这种力量使万象更新;这种力量是一个人身上音乐、诗歌与艺术的曙光;它使大自然红光满面,使昼与夜魅力无穷,那时候,一个声音的一点响动就使心怦怦直跳,与一个身影有关的最琐碎的小事也要紧紧地裹在记忆的琥珀里;那时候,一个人一露面,他就目不转睛,一个人一离去,他就思念不已;那时候,那少年对着一扇扇窗户终日凝望,见了一只手套,一方面纱,一条丝带,或一辆马车的轮子也心驰神往;对他来说,没有一个人太偏僻,没有一个人太沉默,因为他的新思想里有了更加丰富的友情,更加甜蜜的谈话,那是任何老朋友所不能给他的,尽管他们都是最好、最纯洁的人;因为这个钟情的对象的形容、举止、言谈都不像用水写下的其他的形象,而是像普鲁塔克所说的那样,是"用火烧了瓷釉"的形象,成了夜半切磋琢磨的对象。

你虽已离去,但实未离去,不论你在何方,
你把你那凝望的双眸、多情的心留在了他的身上。③

到了人生的中年和晚年,一回想起往昔就不禁怦然心动,因为那时候幸福还不够幸福,而且一定是被痛苦与恐惧的滋味麻醉了;这样评说爱情的人可算深得个中三昧:

其他的一切欢乐都比不上它的痛苦。

那时候白昼显得太短，黑夜也必须消磨在痛切的回忆之中；那时候，脑海因为它决定采取的慷慨行动整夜在枕头上沸腾；那时候，月光是一种令人愉快的狂热，星星是文字，鲜花是密码，微风被谱成了歌曲；那时候，一切事务仿佛都是一种唐突，街道上奔忙的所有男女只不过是图画而已。

激情为青年把世界重建。它使万物生气盎然，意味深长。自然变得有了意识。现在，树枝上的每只飞鸟都对着他的心和灵魂歌唱。音符几乎都明白如话。他抬头仰望，云彩也长出了一副副面孔。林中的树木，摇曳的野草，窥视的花朵，都变得有了灵性；所以他几乎都害怕把它们似乎求告的秘密倾吐给它们。然而大自然总是善于抚慰，富于同情。在这个绿色的幽静去处，他找到了一个比与人相处更可爱的家。

> 冷清的源泉，无径的树林，
>
> 淡淡的激情喜爱的佳境，
>
> 月光下的幽径，这时所有的飞禽
>
> 安全进窝，仅剩下蝙蝠和猫头鹰，
>
> 一声夜半的钟鸣，转瞬即逝的呻吟——
>
> 这些才是我们向往的声音。④

请看看林中那位可爱的狂人吧！他是一座充满了甜美的声音和华丽的景象的宫殿；他在扩大；他有两个人的个头；他走起路来双手叉腰；他自言自语；他与花草树木攀谈；他感到自己的血管里流着紫罗兰、三叶草、百合花的血液；他跟浸湿他的脚的溪流絮语。

　　那使他感受到自然美的热情促使他喜爱音乐和诗歌。人们在激情的驱使下写出了好诗，在别的情况下却不可能，这是一种屡见不鲜的事实。

　　同样的力量还使激情控制了他的整个天性。它扩展感情；它使粗人变文雅，给懦夫以勇气。只要它有所钟爱的对象的支持，它就向最可怜、卑贱的人注入睥睨世界的雄心和勇气。尽管它把他交给了另一个人，更重要的是把他交给了他自己。他是一个新人，具有新的知觉，新的更加急切的意向，以及一种宗教般庄严的性格和目标。他不再隶属于他的家庭和社会，他有了一定的分量；他是一个人；他是一个灵魂。

　　有这样的说法："如果我爱你，那对你来说是什么呢？"我们这么说，是因为我们感到我们所爱的东西不在你的意志之中，而是在你的意志之上。它不是你，而是你的光辉。它在你的身上，可是你不知道，而且永远也不会知道。

　　在这跟古代作家所津津乐道的那种高级美学不谋而合；因为他们说：人的灵魂，尽管体现了人间，却在上下求索着它自己的来世，因为它正是从那里来到人世间的，然而不久就被太阳的光辉蒙憧了，除了今世的事物，别的什么都看不到，其实它们只不过是真实事物的影子。因此，神把青春的光辉送到灵魂前，这样它就可以利用美丽的肉体，把它们作为它回忆天上美好事物的依傍；于是，在女性身上看见了那样一个人的男子就向她跑来，在观照这个人的形体、动作和智慧时发现了最大的欢乐，因为它向他暗示了真正寓于美之中的事物的存在，和美的起因。

然而，如果灵魂与物质事物交流过多，灵魂变粗俗了，把它的满足错误地寄托在肉体内，那它获得的只有悲哀了，因为肉体履行不了美做出的许诺；然而，如果接受了这些景象的暗示和美对他的心灵所做过的提示，灵魂就穿过肉体，落下来欣赏性格的种种表现，而恋人们就在他们的言谈和行动中彼此关照，然后他们就进入美的真正殿堂，爱美的火焰越燃越旺，而且用这种爱熄灭了卑劣的感情，就像太阳照耀着火炉，把炉火扑灭了一样，于是他们变得纯洁、神圣了。通过跟那种本身就是优越的、高尚的、谦逊的、正义的事物交流，情郎就更加热爱这些高贵的事物，更加容易理解它们。于是他从爱一个人身上的这类事物推广到爱一切人身上的这类事物，所以那一个美丽的灵魂仅仅是一扇门，他从中穿行过，进入那所有的纯真的灵魂构成的社会。在他的伴侣所在的那个社会里，他对任何斑点、任何污迹看得更加清晰，因为那都是她的美从这个世界沾染来的，而且他也能把任何一个污斑指出来，他们共同感到高兴的是现在他们俩都能指出彼此的缺点和妨碍，并不见怪，并且能够在克服同一种缺点时互相帮助，互相安慰。由于在许多灵魂中看见了这种神圣美的特色，由于在每个灵魂里把神圣的东西与它从世界上沾染来的污迹分开,那情郎便踩着经过创新的灵魂们的这架梯子攀登上至高无上的美,攀登上对神性的爱与知。

各个时代真正的有识之士给我们讲的爱与此大致相仿。这种理论既不老,也不新。如果柏拉图、普鲁塔克、阿普列乌斯讲过,那么彼特拉克、米开朗琪罗和弥尔顿也讲过。一种地下的谨慎用控制地上世界的语言主持着婚礼,而一只眼睛却在地窖里搜索,因而它最严肃的讲话也带有一种火腿和碾槽的气味。那种关于爱的理论则期待在反对和指责这种地下谨慎的行动中出现一种更真实的表露。这种享乐主义闯入青年妇女的教育阵地,枯萎了人性的希望和感情,宣扬什么婚姻的意义不外乎家庭主妇的节俭,此外,妇女的生活没有别的目标,到了这种时候,情况就不堪设想了。

然而,这种爱的梦,尽管美丽,只不过是我们戏剧中的一幕而已。在自内向外的进程中,灵魂不断扩大自己的圈子,正像石块扔进水池、光芒从天体上发出那样。灵魂的光辉首先照到最近的事物上,照到每一个用具和玩具上,照到保姆和佣人上,照到房子、院落和过往的行人上,照到家庭相识的圈子上,照到政治上、地理上、历史上。然而事物在不断按照更高级、更内在的规律把自己加以组合。邻里,大小,数目,习惯,人,逐渐失去左右我们的力量。因果,真正的近似,对灵魂和环境之间的和谐的渴望,进步的、理想化的本能,尔后则占了上风,不可能从高层关系倒退到低层关系。这样一来,甚至爱,尽管被人奉若神明,也必须一天天变得非人格化。关于这一点,起初是不露痕迹的。一对青年男女通过相邻的房间暗送秋波,眼睛里充满了相互理解,充满了今后要从这种新的、十分外在的刺激中产生的宝贵成果,但他们想得很少。草木的活动首先从茎皮和叶芽的骚动开始。那一对男女从暗送秋波开始,进一步就互献殷勤,然后便激情似火,海誓山盟,最后结为夫妻。激情把它的对象看成浑然一体。灵魂完全体现为肉体,肉体完全被赋予灵魂。

> 她的纯洁、雄辩的血气
>
> 用她的双颊说话,而且活动得如此显豁,
>
> 人们简直要说她的肉体在思索。[5]

罗密欧如果死了,就应当被切成一个个小小的星星去美化天空。人生有了这样一对典范,除了追求朱丽叶——追求罗密欧,就没有别的目标。黑夜、白昼、学问、才华、王国、宗教,都容纳在这个充满了灵魂的形体里,包含在这个采用一切形体的灵魂里,恋人们喜欢耳鬓厮磨,喜欢海誓山盟,喜欢比较他们的体贴。独自一个人时,他们就追忆对方的影像,聊以自慰。对方是不是看见了现在正使我销魂的同一颗星、同一朵正在消逝的云,读着使我欣喜的同一本书,感受着同样一种感情?他们掂量他们的爱情,对诸多利益、好友、良机、巨财加以估计,才欣然发现他们乐意交出一切去赎回那种美,那可爱的头脑,只要它毫发无损。然而人类的命运却落在这些孩子身上。危险、悲哀、痛苦向他们袭来,如同向大家袭来一样。爱在祈求。它为了这个亲爱的伴侣跟“永恒的力量”订约。这样便缔结了姻缘。它对自然界的点点滴滴都增加了一种新的价值,因为它把整个关系网中的每一条线都变成一缕金辉,将灵魂沉浸在一种新的更甜美的环境里,然而这种结合依然是一种暂时状态。鲜花、珍珠、诗歌、矢言,甚至另一

颗心里的家并非总能满足那居留在肉体里的令人敬畏的灵魂。它最终把自己唤起,抛开那些耳鬓厮磨的做法,仿佛抛开玩具似的,然后穿上铠甲,去追求一些远大而普遍的目标。在每个人灵魂中的灵魂,由于渴望至福,便在别人的行为中发现了龃龉、缺陷和失调。于是就引起了惊讶、抗议和痛苦。然而,把他们彼此吸引到一起的东西就是美好的征兆,德行的征兆;而这些德行就在那儿,不管它们多么暗淡无光。它们层出不穷,吸引力继续存在;然而体贴改变了,离开了征兆,依附于实体。这就补救了被伤害的感情。与此同时,生命在慢慢延续,事实证明它是一场把各个方面一切可能的地位变换组合的游戏,利用了每一方的所有智谋,使每一方认识到别人的强弱。因为他们在彼此的心目中应当代表人类,这正是这种关系的性质和目的。世界上存在的一切,实际知道的或应当知道的一切,统统被巧妙地编织到男人和女人的机体里。

·

天旋地转;情况时时在变。住在肉体这座庙宇里的天使出现在窗口,妖魔和邪恶也是这样。所有的德行把它们联为一体。如果有了德行,一切邪恶本身也就为人所知;他们坦白后便逃之夭夭。恋人们一度如火如荼的体贴被时间冷静在各自的胸怀里,激烈有所减,但范围有所增,所以它就变成了一种彻底真诚的理解。他们毫无怨言,彼此心甘情愿地去担任男男女女最终单独被指派去执行的有益职务,并且用一度不能忘怀其对象的那种激情交换一种对彼此的计划所做的快乐而自由的推动,不管它存在还是不存在。最后,他们发现:最初把他们吸引到一起的一切——那些曾经还是神圣的相貌,那种魔力的神奇表演——都是暂时的,却具有一种预期的目标,就像建房用的脚手架一样;而年复一年智与心的净化却是真正的婚姻,这是从一开始就预见到并准备好的,但却是他们绝对意识不到的。一男一女两个人,天赋相异而又相关,就用这些目标关在一座房子里,在婚姻交往中度过四五十个春秋,一看这些目标,我就毫不奇怪心从幼年就预言这一决定时刻时为什么如此强调,我也毫不奇怪本能用来装饰洞房的美为什么那么丰富,原来天性、智力和艺术在礼物和它们配给新婚贺词的乐曲方面在竞赛。

这样,我们被安排接受培训,以便能胜任一种爱,它不分性别,不论人格,不厚此薄彼,而只是到处寻求德行和智慧,以增加美德和智慧为目的。我们是天生的观察者,因而也是学习者。这就是我们永恒的状况。然而。我们却身不由己地感到我们的爱情只不过是留宿一个夜晚的帐篷。尽管缓慢而痛苦,爱情的对象还是在变化,就像思想的对象在变化一样。有的时候爱情统治、吸引着人,并使他的幸福依赖一个人或一些人。然而人们很快又看见心灵生机盎然——它的穹隆被万盏长明灯火照得金光闪亮,而像乌云一样掠过我们心头的热烈的爱情和恐惧一定失去它的明确特性,跟上帝融为一体,以取得它们自身的完善。然而,我们不必害怕由于灵魂的进步我们就会失去什么。灵魂永远可以信赖。像这些关系那样美丽、诱人的东西只有被更加美丽的东西所接替,所取代,如此这般,以至永远。

归根到底，爱只不过是一个人自己应得的敬重从别人身上反映出来罢了。人们有时候跟他们的朋友互换姓名，好像他们要表示：在他们的朋友身上每个人热爱的就是他自己的灵魂。

当灵魂不再有自知之明，也不知道它的忠诚、它的宗教在哪里适当时，这就是混乱，这就是地道的癫狂。在存在的浩瀚的沙漠里，我们所珍视的圣洁的感情已经开成了一朵花，而且就是为我而开的，除了知道这一点，还有什么宗教吗？要是没有人看见这朵花，我却看见了它；哪怕只有我一个人，我仍意识到这种事实的伟大。当花儿开放时，我就要守我的安息日或圣时，暂停我的忧郁、我的愚蠢和玩笑。这位贵客临门，天性得到尽情的流露。有许多眼睛能察觉并尊重那种谨慎的、家常的美德；有许多眼睛能在他星光灿烂的轨道上发现天才，不过群氓是办不到的；爱是忍受一切、回避一切、激发一切的，它对自己发誓：宁肯在这个世界上当一名可怜虫和一个傻瓜，也不愿以任何屈从玷污自己洁白的双手，当这种爱来到我们的街头和住宅时——只有纯洁和有抱负的人才能认出它的面庞，他们向它表示的惟一的赞赏就是占有它。

"从毒树上,也就是世界上,"婆罗门们说,"结出了两种果实,其甜如生命之水,爱,或者如美丽灵魂的群体,如诗,其味道恰如毗湿奴的永生的果汁。"何谓爱,它为何是首善,不就是因为它是一种压倒一切的热情? 从不泰然自若,也不谨小慎微,它是完全彻底的放任自弃。它之所以是一种令人钦佩的智慧,比其他一切好处更胜一筹,别的一切只不过是它的附属和保障,不就是因为它是这么一种情况,在那里个人不再是他自己愚蠢的主人,而是吸着一种芳香的天国的空气,用对目标的敬畏包裹着,由于一时间把那个目标与真正的惟一的善混为一体了,而且怀着颤巍巍的兴趣请教自然中的每一征兆。当我们实话实说时——难道不是只有那个没有投入爱的人不快乐吗? 他的异想天开的自由和自律——它难道不是十足的死亡吗? 投入爱的人聪明,而且会越来越聪明,每次他注视那心爱的目标时,由于用眼睛和心灵吸收了它所具有的那些美德,因此所见总很新鲜。因此如果该目标,本身不是一个鲜活而不断扩张的灵魂,他很快就会把它耗干。然而爱总在他的脑海里,还有爱给他带来的智慧;而爱渴望一个新的更高的目标。人人之所以尊崇爱,是因为它总是向上看,而不是向下看;总是心怀抱负,从不绝望。

---

① 1841 年的原文这样开头:"每个灵魂对于另一个灵魂来说,都是一个神圣的维纳斯。

心灵有它自己的安息日与喜庆日。在这吉日良辰,世界就像是一次结婚喜宴,一切天籁和四季循环都成了情歌与恋舞。爱是动机,爱是报酬。它是自然界中无处不在的东西。爱是我们最崇高的字眼,是'上帝'的同义语。灵魂的每一项许诺……"

② 参见《哈姆雷特》第 3 幕每 4 场,第 68—70 行:"你不能说这是情爱,你这样年纪,欲火该不是太旺了……"

③ 见约翰·多恩《新婚颂》,第 202—203 行。

④ 引自约翰·弗莱彻《慎重的英勇,又名热情的狂人》,第 3 幕。

⑤ 见约翰·多恩《两周年纪念》,第 244—248 行。

论生活

　　再不要让思想把你自己搞得神魂颠倒，到什么地方忙你自己的事情去吧。**生活不是智性的，也不是批判性的，它只是坚强的**。毋庸置疑，生活的主要好处是倾向那些能享受自己的发现的各色人等的。自然憎恨窥探，而我们的母亲们一句话就表达了她们的感受："孩子，吃你们的东西，不要多说话。"把时光填满——这就是幸福；把时光填满，不为懊悔或赞同留一丝空隙。我们生活在表面，真正的生活艺术就是在上面熟练地滑来滑去。一个具有天赋力量的人，在陈规陋习之下也能获得他在最新世界里所取得的成功，只不过借助的是处事技巧。他在任何地方都能站住脚。生活本身是一个力量和形式的混合物，不过若是其中哪一方稍有超重，它都承受不了。充分利用时机，在旅途中每走一步都能发现旅行的目的，享受最多的美好时光，这就是才智。如果你愿意这样说：考虑到人生的短促，就不值得计较在这样短促的一段时间里，我们是在艰难地爬行，还是高高在上，养尊处优，说这话的不应当是普通人，而只应当是狂热分子或者数学家。既然我们的职责与分分秒秒都有关联，那就**让我们分秒必争吧**。现在的五分钟对我来说，跟下一个千年里的五分钟一样有价值。让我们现在沉着冷静，保持睿智和我行我素。让我们去善待那些男人和女人，就好像他们都是真正的人，或许他们就是这样。人生活在幻想当中，就好像双手虚弱而颤抖不止的醉汉，不能成功地做一件事。那是一场幻想的暴风雨，我知道的唯一能使它平静下来的办法就是**关注此时此刻**。在各种令人头晕目眩的炫耀和政治活动中，我丝毫不怀疑，我更加坚定了这样的信念：我们不应该拖延，不应该推诿，也不应该期待，我们只需在我们所在的地方充分享受，不论我们与谁交往，接受我们现实的同伴和环境，不管他们是怎样地卑微和丑恶，把他们看成神秘的使者，宇宙把它的一切快乐都托付给他们，好给我们传达。如果这些人自私而邪恶，那么他们的满足，因为是正义的最后胜利，所以就和心灵产生共鸣，它比诗人的声音和可敬人士的随意的同情更令人满意。我想，即使一个有思想的人如何遭受他的同伴的缺陷和荒唐的折磨，他也不可能毫不留情地否认任何一伙男人和女人对于超凡的优点的感受能力。如果粗人和轻薄的人没有同情心，他们却有一种优越的本能，于是他们就怀着诚挚的敬意用他们盲目、任性的方式来为之增光添彩。

人生本身只就是一个泡影，一种怀疑论，一场酣睡。就算如此，就算将有更多更多的情况——而你，上帝的宠儿！留心你自己的美梦吧；嘲弄和怀疑主义不会把你漏掉，这种东西已经够了，待在你的小房子里劳作吧，直到其余的人一致同意怎样对待人生。他们会说你的疾病、你的微不足道的习惯需要你做这件事，避免做那件事，但是你要知道你的一生如白驹过隙，只是供留宿一夜的帐篷，你，不管有病无病，都得完成这个定额。你病了，但不会更糟，宇宙由于很器重你，一定会变得更好。

　　人类生活由两个因素构成，力量和形式，必须使比例保持不变，如果我们要使它愉快而惬意的话。其中任何一个因素的过剩，则会像它的不足一样，造成祸害。每一种事物都在趋于过度，每一种良好的品质，如果没有杂质，都是有害的，为了将危险带至毁灭的边缘，大自然使每个人的特质都过了剩。

　　如果命运允许，我们就会轻而易举地永远保持这些美好的界限并彻底调整我们自身，使我们顺应于已知的因果王国的精确计算。在大街小巷里，在报刊杂志上，生活好像是一种简单明了的事情，所以，只要在任何情况下刚强果断，照章办事，就会稳操胜券。但是注意！很快就会有这么一天，或者只有半个小时，像天使一样悄声细语，便推翻了天下千年的结论！第二天一切事情仍旧显得那么实际而生硬，惯常的标准又恢复了原状，常识像天才一般稀罕——它是天才的基础，而经验则是每一项事业的手和脚；然而谁如果根据这种条件办事，谁就会很快失败。力量走的不是抉择和意志的康庄大道，而是另外一条道路，即地下的、隐形的生活渠道。荒谬绝伦的是我们还是一群外交家、医生和考虑周全的人，再没有像这样容易受骗的人了。**生活是一连**

串的出其不意，如果它不是这样，那就不值得我们去杀生或保命了。

在我看来，生活具有一张虚幻的面孔。最艰难、最粗笨的行动也是虚幻的。那只不过是平静温柔的梦与骚动不安的梦之间的一个选择罢了。人们总是轻视认知与智性生活，而极力主张实干。我倒很满足于认知，只要我能够认知的话。那是一种庄严的乐趣，会在很长一段时间内满足我的需要。获取点滴的知识就是耗费今生今世也值得。我总是听到阿德拉斯提亚的律法："凡是获得了真理的灵魂直到下一次运行的开始，都可免受伤害。"

我知道我在城市、在农场里与之交谈的世界并不是我所思想的那个世界。我注意到了这种区别，并且还要注意下去。总有一天我会认识到这种差异的价值与规律。然而我尚未发现很多东西是从千方百计企图实现思想世界的尝试中获得的。

坚持，再坚持，我们最终会获得成功。我们一定要对时间因素的欺骗性保持怀疑的态度。吃饭、睡觉、赚钱占去了大部分时间，只留下很小的一部分供我们心存期望与洞悉，而这才是我们的生命之光。我们整花园,进餐饭,同妻子商量家务,这些事情没有留下任何印象,在下一周就被忘得一干二净;然而在那每一个人都将回归的孤独寂寞之中,他心清智明,豁然开朗,这就是他进入新世界时会具备的情况。不要在乎嘲笑,不用担心失败,振作起来,苍老的心!——它似乎在说———切的正义总会胜利;这个世界之所以存在,就是为了实现一种真正的传奇,而这种传奇将会把天赋转换为实际能力。

生活是由一连串的喜怒哀乐构成的,就如同一条珠串。在我们穿行而过的时候,它们又分明是一组五光十色的透镜,用各自的色彩把世界点染,而各自显示出的又只不过是焦点上的那一丁点东西。立足于山间,你看见的还是山。我们给我们能够赋予活力的东西赋予活力,我们看见的也仅仅是我们赋予了活力的东西。自然和书籍属于那些能看见它们的眼睛。

论自然

在这个气候区,几乎一年四季都会出现这样一些日子:到那个时候,天地万物都达到了尽善尽美的境地;到那个时候,空气、天体、大地齐奏出一种和声,仿佛大自然要纵容自己的孩子似的;到那个时候,在地球上这些荒凉的高纬度地区,渴望了解最快乐的地区,渴望沐浴在佛罗里达和古巴的灿烂阳光下实在算不了什么;到那个时候,一切有生命的东西都流露出满意的神色,就是卧在地上的牛群似乎也有了伟大而安静的思想。那种完美的十月天气,我们称之为"小阳春",以显示它的特点,那时候,要寻找这些秋高气爽的日子也许更有把握。难消的永昼沉睡在连绵的小山上和温暖广阔的田野里。度过一整天阳光明媚的时光,简直有长命百岁之感。荒僻的地方似乎并不十分寂寞。在森林的大门口,老于世故的人也惊讶不已,所以不得不放弃城市里的关于伟大与渺小、聪明与愚蠢的估价。他一迈进这些地区,那种习俗的包袱就从背上卸了下来。这里的圣洁使我们的宗教自惭形秽,这里的现实使我们的英雄也张皇失措。在这里,我们发现大自然就是那种使别的一切事实相形见绌的事实,她像一位神灵,审判一切接近她的人。我们从自己狭窄、拥挤的房舍里爬出来,进入了黑夜与白昼,我们看见多么崇高的美每天拥抱着我们。我们多么想逃脱那些有损于美色的障碍,多么想逃脱老于世故和瞻前顾后的作风,听任大自然使我们心醉神迷。森林的柔和的光辉仿佛是一种永恒的清晨,它振奋人心,壮丽雄伟。这些地方古传的魔力逐渐爬上了我们的心头。松树、铁杉和橡树的树干几乎发出钢铁般的光芒照耀着兴奋的眼睛。那无言的树木开始说服我们跟它们一起生活,放弃那种郑重其事的烦琐生活。在这里,历史、教会、国家都不会被添加到神圣的天空和永恒的岁月上。我们多么轻松地走进那不断展开的风景,一幅幅新的画面、纷至沓来的思绪把我们吞并了,到了最后,思家的念头渐渐地被挤出了脑海,一切记忆都被那专横暴虐的现在抹去,大自然洋洋得意地领着我们。

这些魔力具有药物的效力,它们清醒我们的头脑,治愈我们的身体。这都是些平常的欢乐,对我们来说既亲切又自然。我们恢复了本来面目,与物质情同手足,而这正是学校喋喋不休地劝导我们唾弃的做法。我们同物质永不分离,精神热恋着它的老家。我们渴了必须喝水,同样,我们的眼睛、手足离不开岩石、土地。物质是坚定的水,是冰凉的火,常在的健康,永存的魅力!恰似一位老朋友,一位亲爱的朋友和兄弟,正当我们装模作样地同陌生人闲聊时,露出一脸的真诚走来,跟我们直截了当地谈起来,使我们再也不好意思胡言乱语。城市没有给人的感官提供足够的空间。我们昼夜出外极目远眺,以饱眼福,因而需要广阔的眼界,正如我们需要水来沐浴一般。自然的影响程度不一,她既能使人遗世独立,也能给人的想象力和心灵以极珍贵极重大的帮助。人们从泉里可以打一桶凉水,瑟瑟发抖的跋涉者可以奔向那里的柴火以求安全——这里也有秋天与正午的崇高的寓意。我们偎依在大自然的怀抱里，像寄生虫一样靠她的谷物和根茎生存。日月星辰向我们频送秋波，把我们唤至幽静处，给我们预言最遥远的未来。湛蓝的天顶是浪漫与现实的融汇点。我想，假如我们被送到我们梦想的天国，同加百列和乌利尔①交谈，那么天堂就是给我们留下的全部家当。

我们每天都留意过自然景物，因此好像岁月并非完全是不圣洁的。悄然而落的雪花，片片晶莹完美；雨雪纷纷，扫过茫茫的水面和平原；麦田里麦浪滚滚；一望无际的茜草波浪起伏，它们数不清的小花在眼前泛起白蒙蒙的涟漪；树木花草倒映在波平如镜的湖水里；馥郁缠绵的熏风把一棵棵树都吹成了风奏琴；炉火中的铁杉或松木噼啪作响，火光迸射，把起居室的墙壁和方方面面都照得通明——凡此种种，都是最古老的宗教的音乐和画面。我的房舍坐落在低地上，视野有限，又在村庄的边缘。然而我和友人来到了我们的小河之滨，船桨一划，便把村里的政治和人物，不错，把那村庄和人物的世界抛在了脑后，进入了温柔的晚霞与月光的王国，这里玉洁冰清，那不干不净的人类不经见习和考验简直无法入内。我们通体都渗透了这难以置信的美，我们把双手浸泡在这如画的境界里，我们的目光沉浸在这缤纷的光与影中。勇敢和美、权力和情趣装点、享受过的一种假日、乡间别墅、宫廷华筵、最盛大最快乐的节日，顿时确立在这儿。

晚霞,隐隐闪现的星斗,以它们隐秘的、难以言喻的顾盼,把那种节日表示、奉献出来。我才知道了我们创造力的可怜、都市和宫殿的丑陋。艺术和奢华早就得知它们必须作为这种原始美的升华和延续而工作。我迷途知返,恍然大悟。

轻而易举地创造伊甸园和潭碧谷的道德感情并不常有,而物质的风景则比比皆是。不必游览科莫湖和马德拉群岛,我们就能找到这些魅力。我们对地方风光总用溢美之词。每一风景的惊人之处不外乎是天地相接,而这一景象无论在阿利根尼山的顶峰,还是在头一座小丘上都能见到。夜幕上的星星俯视着褐色简陋之极的公地,洒下的璀璨的灵光跟洒在坎帕尼亚平原或白茫茫的埃及沙漠上的完全一样。舒卷的白云、晨光和夕照为红枫和白杨平添几分姿色。景致与景致间的差异微乎其微,观赏者却千差万别。任何一处风景里没有一样东西能像每一处风景非美不可的必然性那么神奇。穿便衣大自然不会惊讶。美闯进了每一个地方。

然而,在这个学者称之为 natura naturata,或"被动的自然"的话题上,很容易超越读者的共鸣。人们直接讲到它,难免要夸大其词。这就跟在各色人等杂处的场合提出讨论所谓的"宗教问题"一样容易。不对某些细琐的必要性做出辩解,敏感的人是不会使他的情趣沉溺于这一类东西的,如:去看看林地,去瞧瞧庄稼,或从偏远地带采来一种植物和矿石,或者肩扛一支鸟枪,或者手提一根钓竿，等等。我认为这种丢脸的事一定有充分的理由。大自然里浮光掠影的作风既无裨益，也无价值。田野中的纨绔子弟同百老汇的花花公子是一丘之貉。人们生来就是猎人，喜欢探究森林知识，我认为，伐木工人和印第安人提供事实的那种地名词典应当在最豪华的客厅里代替书店的"花圈"和"花神的花环"；然而在一般情况下，不是我们过于笨拙，不配谈如此精妙的话题，就是出于别的什么原因，人们一写到自然，他们就开始使用绮丽的文体。轻佻是献给潘的最不恰当的礼物，因为他在神话中被描写成众神中最讲节制的。面对时代令人叹服的谨言慎行，我不想轻举妄动，然而我不能放弃常常回到这一古老的话题的权利。许许多多虚假的教会在认可真正的宗教。文学、诗歌、科学是人们对这种高深莫测的奥秘所表示的敬意，对于这种奥秘，任何神智健全的人都不能装出漠不关心或无动于衷的样子。大自然为我们的精华所热爱。它被当做天堂来热爱，尽管，或者更确切地说，因为其中没有居民。落日与它普照之下的任何东西都没有相似之处，它缺的是人。风景里出现了同它一样优美的人的形象之前，自然之美准会显得虚无缥缈。倘若有完美的人，就不会有这种对自然的入迷。假如国王在宫殿里，就没有人环顾四面的墙壁。只有国王离开了，宫中到处是侍从和观望者，我们才能转身背过众人，从绘画和建筑使人联想到的伟人中寻求解脱。有些批评家抱怨自然美与要做的事物截然分离是一种病态，他们必定认为我们对如画的风景的寻觅是同我们对虚假的社会的抗议密不可分的。人类堕落了，自然则挺立着，并且被用做一只差示温度计，检验人类有没有神圣的情操。由于我们迟钝和自私的过失，我们仰慕自然；但是当我们脱胎换骨之后，自然就会仰慕我们。我们凝视着泡沫四溅的溪流，心里内疚：假如我们自己的生命流淌着正义的活力，我们就会使小溪自惭形秽。热诚的溪流闪出真正的火光，而不是反射出来的阳光和月光。人们能够把自然当成商业作唯利是图的研究。对于利己主义者来说，天文学变成了占星术，心理学变成了催眠术（目的是指出我们的调羹哪里去了），解剖学和生理学则变成了骨相术和手相术。

　　然而如果及时地引以为戒，把关于这个话题的许多内容只字不提，那就让我们不要再忘记对"高效的自然"，natura naturans，灵活的起因表示敬意，因为在它面前，一切形式像风中的雪花一样纷飞，它本身是隐蔽的，而它的成果却在它面前堆积如山（就像古人由牧羊人普洛透斯代表自然一样），纷然杂陈，莫可名状。它把自己显露在造物身上，由微粒、毫刺经过一再的变态达到至高的匀称，没有震天动地之举就日臻化境。一点热量，也就是一点运动，便是地球上那光秃秃、白晃晃、冰霜惨烈的两极同草木芊芊、硕果累累的热带气候区之间的全部差异。一切变革都不用暴力，是因为有无垠的空间和无限的时间这两种基本条件。地质学把自然的世俗特性传授给我们，教我们抛弃古板学校的方法，教我们用摩西和托勒玫式的体系交换自然的雄浑风格。由于缺乏眼力，我们什么也不能正确了解。现在我们知道，岩石先形成随后又粉碎，然后最早的地衣把最薄的外层分解成土壤，这就敞开了大门，迎接遥远的植物、动物、谷物和水果女神进来，在此之前，一定有多少个耐心的地质纪循环交替。三叶虫何其遥远！四足动物何其遥远！人类自己也是悠远得不可思议！一切都如期到达，然后到来了一代接一代的人类。从花岗岩到牡蛎,路途迢迢,再到柏拉图和灵魂不朽说就更加漫长了。然而一切一定要来,就像第一个原子有两面那样确定无疑。

运动或者变化,同一或者静止,是自然的第一和第二秘密:运动和静止。她的全部法典可以誊写到大拇指指甲或一枚戒指的小印章上。河面上回旋的泡沫使我们了解到天空技工的秘密。沙滩上的每一枚贝壳都是打开这种秘密的钥匙。在杯中转动的一点水便解释了简单的贝壳的形成。物质年复一年的增加终于取得了最复杂的形式;然而,尽管身手不凡,大自然依旧那么贫困,从宇宙的开始到终结,她只有一种材料——只有一种可产生两种结果的材料,来供给她所有梦幻般的变化。无论她怎么调配,星星、沙子、火、水、树木、人类,仍旧是一种材料,表现的是同样的一些特性。

自然总是首尾一贯的,尽管她佯装违背自己的法则。她遵守自己的法则,却好像要超越它们。她武装一只动物,找到了自己的位置,生活在泥土里,与此同时,她又武装另一只动物去摧毁它。空间的存在就是为了分离造物;然而给鸟儿的两肋插上几片羽毛,她便赋予它一种小小的无处不在的能力。方向是永远向前的,而艺术家却仍要回头去寻找材料,在最发达的阶段又从最初的元素开始,否则,一切就行将灭亡。如果我们看一看她的工作,就好像瞥见了一个演变着的体系。植物是世上的年轻一代,是充满健康和活力的人,但它们永远向上探索,朝着意识发展;树木是没有发展完善的人,仿佛在悲叹自己遭到禁锢,扎根地下不能自拔。动物是更高级阶段的新手和见习生。人类,尽管年轻,却因从思想之杯里品尝到了第一滴,所以已经放荡了。枫树和蕨草仍然洁身自好;然而毫无疑问,一旦它们产生了意识,它们也会诅咒谩骂的。鲜花绝对地属于青年,所以我们成年人很快就感到:它们美丽的后代与我们无缘。我们的韶光已逝;现在,让孩子们去迎接他们吧! 鲜花抛弃了我们,我们成了一群老光棍,空有满腔的柔情蜜意,只是显得荒唐可笑。

事物总是息息相关,所以按照眼睛的技能,根据任何一种物体就可以预言另一种物体的作用或性质。如果我们有明察它的双眼,一点取自城墙的石子便可向我们证明人一定存在的必然性,同证明城市存在的必然性一样容易。这种同一性使我们合而为一,把我们惯常的巨大差距化为乌有。我们谈论背离自然的生活的种种偏向,仿佛人为的生活也是不自然的。宫廷凤阁里最圆滑的鬈发廷臣具有某种动物的天性,同白熊一样骄横野蛮,为达到自己的目的,无所不用其极,而在香水和情书中间,直接同喜马拉雅山脉和地轴相关。如果我们考虑一下自己有多少属于自然,我们就不必迷信市镇,仿佛那可怕或仁慈的力量在那儿没有找到我们,没有建造城市似的。造就了石匠的大自然,也造出了房子。我们可以轻而易举地听到太多的乡村影响。自然物恬淡的外表招致了我们这些恼怒得脸红脖子粗的造物的羡慕,于是我们认为要是我们露宿野外,以草根为食,也会同它们一样崇高。然而还是让我们做人,而不是要做土拨鼠,橡树和榆树也会心甘情愿地为我们服务,尽管我们坐在丝绸地毯上的象牙椅子上。

这种指导一切的同一性贯穿于事物所有的出人意料和尖锐对比之中,标志了每一条法则的特征。人把世界装进他的脑袋里,天文学和化学悬在一个思想里。由于自然的历史已铭刻在他的头脑中,因此他就成为他的秘密的预言家和发现者。自然科学的每一个已知的事实在得到确证以前,已被某人的预感推测到了。一个人如果没有认清把自然最遥远的地区束缚起来的一些法则,他是不会系他的鞋带的。月亮、植物、气体、晶体都是具体的几何图形和数字。常识认识它自己的东西,在化学实验中一眼就认出了事实。

自然里总有某种嘲弄人的东西。它引导我们向前再向前,可是哪儿也到不了,对我们毫不守信。许诺多而履行少。我们生活在一种近似的体系中。每一个目的都展现了别的某个目的,但别的目的也是暂时的,哪儿都没有完满、终极的成功。我们是在自然中野营而不是安家。饥渴不停地引导我们吃喝;然而面包和酒,任你怎样烹调,酒足饭饱之后,仍然使我们又饥又渴。我们所有的艺术和表演都是这样。我们的音乐、我们的诗歌、我们的语言本身并不是满足,而是一些提示。对财富的渴望把地球化为一座花园,所以愚弄了热切的追求者。追求的目的究竟是什么? 显然是要达到良知和美的目的,免受各种丑恶、庸俗的东西的侵扰。然而这是多么费事的方法! 为了保证一点交流算尽了多少机关! 这座砖石修成的宫殿,这些仆人、这间厨房、这些马厩、马匹和马车、这银行股票及抵押契据、世界贸易、乡村庄园和水滨别墅都是为了高尚清楚、有灵性的一点交流！难道大路上的乞丐就不能一样得到它吗？不，这一切东西都是这些行乞者持之以恒努力消除生命之轮的摩擦并提供机会取得的。交谈、声望是众所周知的目的。财富满足了兽欲，修好了冒烟的壁炉，使门不再嘎吱作响，使亲朋好友在温暖安静的房间里共聚，把孩子们和餐桌安置在另外的房间里，这时候，财富是有益的。思想、美德和美从前都是目的；然而人们知道有思想、有德行的人在冬日房间转暖的时候有时候会头疼，会湿脚或者浪费大好时光。不幸的是，在消除这些不便之处所做的必要的努力上，主要的注意力已经转向这个目标；原来的目的被忽视了，而消除摩擦则变成了目的。这便是对富人的揶揄，而波士顿、伦敦、维也纳以及世界上现存的政府是富人的城市和政府，群众不是人，而仅仅是穷人，也就是说，可能变富的人；这是对上层阶级的揶揄，他们苦心经营，拼死拼活却一事无成；一切都做了，却毫无价值。他们就像一位打断众人的谈话要发表自己的言论的人，却忘掉了准备说的话。在一个没有目的的社会，在一些没有目的的国家，这种现象到处都非常触目。难道自然的目的真的这么伟大而令人信服，需要这样大批牺牲人吗？

同生活中的欺诈如出一辙，可以想到，大自然的外貌对眼睛产生了类似的效果。森林、流水有某种诱惑、谄媚之态，却又不能提供目前的满足。每一处风景中都能感到这种失望。我见过夏天轻柔美丽的云彩像羽毛似的在头上飘动，似乎在享受它们运动的高度和特权。然而，它们与其像此时此地的锦绣，不如说展望着远处喜庆的亭台花园。那是一种古怪的妒忌，但是诗人发现自己并没有十分贴近他的目标。他面前的松树、河流,那一排鲜花,似乎并不是自然。自然仍在别的什么地方。这只是刚才逝去的胜利的尾声,遥远的反映与回响,现在正处于辉煌鼎盛的时期,它可能是在邻近的田野里,要是你站在田野里,它又在毗邻的森林里。眼前的目标一定给你庆典刚刚过后的这种静谧感。夕阳的距离何其迢迢,它里面隐含着多少不可言喻的雄伟和美丽!然而谁能到它们所在的地方去,或者在那里插手或驻足呢?它们永远离开了这球形的世界。在寂静的林间同在人类中间都是一样的,永远都是一种人们所认为的存在,一种不在,从来就不是临场和满足。难道美是永远都把握不住的吗?难道它在人间、在风景中都是同样不可接近的吗?

我们不能跟自然产生口角,也不能像跟人交往那样同自然打交道。如果我们用个人的力量同她的力量较量,我们就很容易感到我们成了一种无法超脱的命运的玩物。然而,如果我们不把自己等同于工作,而是感到工人的灵魂在我们身上奔流,那么我们就会发现清晨的宁静首先在我们的心中落户,而万有引力和化学的高深莫测的力量以及凌驾于这些力量之上的生命的力量,都以它们的最高形式预先存在于我们的身上。

我们认为原因的链条束缚着我们,使我们寸步难行,这种思想给我们带来的不安,是由于对自然的一种状态,即运动,过于关注而造成的。阻力永远不会从车轮上消除。哪里的推动力一超过,哪里的"静止"或"同一"就巧妙地注入了补偿。在辽阔的田野上,到处都长着夏枯草之类的药草。每过愚蠢的一天,我们总要睡一觉,把一天每时每刻的激愤与狂怒消除掉。尽管我们总是忙于具体事务,并经常成为这些事务的奴隶,我们还是把固有的普遍法则带到每一次实验中去。这一切,尽管作为观念存在于头脑中,但是它们在自然界永远体现在我们周围,作为一种目前的健全心智揭露并治愈人类的癫狂。由于我们是事务的奴隶,所以又易受蒙骗产生许多愚蠢的期望。因为火车头或氢气球的发明,我们期待着一个新纪元;新机器带来的还是旧牵制。据说,当你正在烤鸡准备开饭时,采用电磁,你的色拉就会从菜籽里长出来:这是我们的现代目标与努力的一个象征——我们压缩、加速物体的一个象征;然而并无所获,大自然不会受骗:人的寿命只不过有七十个色拉长,不管这些色拉长得快还是长得慢。然而,我们在这些制约和不可能中找到的好处并不比在促进中发现的少。胜利愿意降临在哪里,就让它降临到哪里,我们则在那一边。我们知道我们从大自然的中心到两极,跨越了整个生存的领域,并在每一种可能中都下点赌注,这种认识把那一崇高的光彩借给了死亡,哲学和宗教过于表面地、刻板地努力把这种光彩表现在通行的灵魂不朽说里。现实比传言更加精彩。这儿没有毁灭,没有间断,没有泄了气的球。那神圣的循环永不停息,也不逗留。自然是一个思想的化身,然后又变为一种思想,就像冰变成水和气一样。世界是沉淀了的精神,它那容易挥发的精华永远不停地再次流入自由思想的状态。因此产生了有机的或无机的自然物对思想的有效的或刺激性的影响。被禁锢了的人、定了形的人、植物人,向具有人格的人说话。那种不尊重数量,那种把整体和微粒都造成它的同等渠道的力量,把自己的笑靥授予晨曦,把自己的精华蒸馏成滴滴雨水。每个时刻、每件物体都有启迪作用:因为每一种形式里都注入了智慧。它已化为血液倾注进我们的躯体,它化为痛楚使我们抽搐,它化为欢乐溜进我们的生命:它把我们裹在单调凄凉的岁月或快乐劳作的日子里,直到很长时间以后,我们才能猜透它的本质。

大自然看上去稳定、长久得令人心烦,然而它像别的一切一样也有个因,一旦被我了解,这些田野还会一动也不动地绵延千里,这些树叶还会悬在枝头,一片片都那么重要吗?永久是一个表示程度的字眼。凡事都取中间。对精神力量而言,卫星就像棒球一样,都不是它的界限。

让我们怀着新的希望来观察大自然是怎样通过一种更高尚的冲动,也就是通过事物的美,来保证诗人忠于他的宣告和证实这一职守的。那种事物的美一经表现出来,就成为一种新的、更为高尚的美。大自然把她的一切造物都作为一种图画语言奉献给诗人。由于被用作一种象征,物体中就出现了一种神奇的第二价值,远远胜过它原有的价值,如同木匠手中拉长的线,假如你贴近耳朵谛听,它在微风中就像音乐般悦耳动听。扬布里柯[②]说:"比每一个意象都生动的事物是通过意象表现出来的。"事物允许被作为象征来使用,因为不管从总体上说,还是从局部看,大自然本身就是一个象征。我们在沙地上面的每一条线都有所表示,没有精神的躯体是不存在的。所有的形态都是性格的表现,所有的状况都是生命特性的表现,所有的和谐都是健康的表现,(正因为如此,一种美感只有对善才应当是契合的,或适当的。)美是建立在必要这个基础之上的。灵魂创造躯体,睿智的斯宾塞说得好:

> 每一个精神由于最纯洁无瑕,
> 并具有更加丰富的圣神光芒,
> 所以获得的躯体外表绝佳,
> 它寓于其中,把自己装扮得更加辉煌,
> 有翩翩的风度,悦目的形象。
> 因为躯体采用了灵魂的形式,
> 灵魂是形式,又塑造了躯体。[③]

在这里,我们突然发现自己不是在批判的思辨之中,而是到了一块圣地,应当蹑手蹑脚、毕恭毕敬地行走。我们站在世界的秘密前,那里本质变成了表象,统一变成了多样。

自然的章法:谁能分析? 奔腾的河流不会停下来让人观察。

我们永远无法偷偷地把自然搞个措手不及；永远找不到一根线的线头；永远说不上在哪儿搁第一块石头。鸟急着下蛋；蛋又急着变成鸟。我们在世界秩序中所赞赏的完整是无限分配的结果。它的平滑是瀑布倾泻的平滑。它的永久是一种永久的发端。每一个自然事实都是一次流溢，从中也流溢出一个流溢，一种新的流溢就从每一个流溢而来。如果什么东西能静止不动，它就会被它抵抗的激流粉碎，消灭，如果它是心灵，它就会疯狂；因为头脑不清醒的人就是死抱住一种思想不放、不能顺自然的航道流动的人。不是因，而是一种常新的果，自然总是从天而降。它是不折不扣的服从。这些尤物的美是从一种玄妙永恒的源泉输入这些物体的。在所有动植物的形体中，生理学家承认，化学、力学都不能解释这些事实，只好假定有一种神秘的生命原理，它不仅存在于器官里，而且制造器官。

多么寂静，多么宽敞，包容万物的什么空间，却没有安插一粒原子的地方——此起彼伏，优美潇洒，对等圆满，平衡美丽，时光的舞蹈还在向前跳。像一股香气，像一段音乐，像一次睡眠，它含糊不清，茫无涯际。它不会被切割，不会被拆开，不会被展示。走开，渎神的哲学家！你可在自然中寻找因？此物指彼物，彼物指次物，次物指次次物，物物有所指。你必须换个情绪发问，你必须感觉它，热爱它，你必须用一种像它赖以存在的那样伟大的精神来观察它，然后，你才能知道法则。尽管它不会被了解，但好在却得到了关爱和赏识。

贯穿周身的这种并存的生命，同样适用无数目的，毫不厚此薄彼，完全一视同仁，而是为了全体的成功而稳步贬损每一个，这使领悟没有用武之地。自然只能被看做为一种普遍的目的，而不是某一特定的目的而存在，为了全体目的，不是一个目的——一件心醉神迷的作品，由一种圆周运动来表现，如同意愿可以由一根无限长的直线来表示一样。每一个果在强化另外的每一个果。在所有王国里，没有对全体国民的厌恶：没有个人的疏离。由此产生了使每一片草叶造成世界的一个标本的包罗万象的特点。当我们怀着诗情观赏风景时，我们不计个别事物。自然不知道棕榈，也不知道橡树，而只知道植物生命，它萌发成长为森林，用草和蔓的花环装饰地球。

万物都是初生的，幼小的。当我们被专家学者埋头苦干计算自然的直线的长度、曲线的回路的这类算术搞得晕头转向时，我们被这样一种感知稳住了，那就是大量的工作正在进行；一切似乎在刚刚开始；远大的目标正在积极完成。我们在哪里都指不出终极事物；但四面八方都有苗头：行星，体系，星座，整个自然都在生长，宛若七月的一片玉米田；在变成别的什么；正在迅速变形。正如远方我们称之为星云的光芒无意成为一个光环，一个彗星，一个星球，和许多新星的母星一样，胚胎并不努力要成为人。既然如此，为什么凡尔赛宫的这些大人先生不出于某种原因损害自己日后办大事的能力就不能摆架子施小计呢？

然而自然仍然还有进一步的回答："我没有在一个生物身上下过像成功这么大的赌注。我尚未达到任何目的。园丁的目标是结出一颗好桃子或者好梨，而我的目标是维持全树的健康——根,干,叶,花和种子——决不过度关照一种肥厚的果皮而牺牲另外的一切功能。"

总而言之,自然给我们留下的那种印象的精神与独特就是,它的存在不是为了任何一个或一些特定的目的,而是为了无数的无目的的利益;那里面没有一己的意志。没有反叛的叶子或叶片,但整体受到一种上面的倾向的压迫,服从那种在有意识的生灵身上我们称之为心醉神迷的生命的多余或过度。

---

① 加百列和乌利尔是七大天使中的两位。替上帝把好消息报告世人。
② 扬布里柯:4 世纪叙利亚哲学家,新柏拉图主义的倡导者。
③ 见《美的赞歌》第 19 节。

论行动

　　世界上流行着这么一种观念,认为学者应当是一名隐士,一个弱不禁风之人——不宜干任何手工活,从事任何社会劳动,就像铅笔刀不宜当斧头用一样。所谓的"实干家"之所以讥讽空想家,好像是因为后者只会思索、观察,什么实事也干不了。牧师比起其他任何阶层更无一例外地是自己时代的学者,我听说人们跟这类人说话时把他们当做女人对待,以至于他们听不到男人的那种粗犷豪爽的谈话,只能听见一些矫揉造作、淡而无味的言词。他们其实往往被剥夺了公民权;还有人主张让他们一辈子打光棍。如果学识阶级情况真是如此,那是不公正、不明智的,行动对于学者是次要的,但是又是基本的。没有行动,他就不算人,没有行动,思想永远不能成熟为真理。哪怕世界像一朵美的彩云悬在眼前,我们也看不见它美在哪里。不行动就是胆小怕事,没有侠肝义胆就不会有学者。行动是思想的前奏,是思想从无意识到有意识的必由过渡。我一生有多少经历,我就知道多少事情。所以我们立即知道谁的话语饱含生活的积淀,谁的话语空洞浮泛。

　　世界——这个灵魂的影子,或者另一个我,在周边宽广无边。它的吸引力就是一把把钥匙,能把我思想的锁打开,使我认识自己。我急切地冲进这片轰鸣动荡之中。我紧紧抓住身边人们的手,在这个角斗场站好自己的位置开始埋头苦干。一种本能教导我:只有这样,喑哑的深渊才会回荡出说话的声音。我捅破它的常规;我驱散它的恐怖;我把它安顿到我不断扩张的生活圈子里。我通过经历对生活了解多少,我征服和垦殖的荒野就有多少,或者我的生命,我的领域就延伸多远。我不明白人怎么为了贪图精神舒坦,为了睡个午觉就能放弃他能参加的一切行动。行动能使他含英咀华,妙语连珠。劳苦、灾难、激愤、贫困是教授口才和智慧的良师。真正的学者舍不得放过到手的每一个机会,认为那无异于丧失权力。

行动是原料,智能用它塑造绚丽的产品。这也是一个奇异的过程,经验借此转化为思想,如同桑叶被转变为绸缎一样。这种制作分秒必争,永远向前。

我们童年和青年时代的行动和事件现在是一些静观的事项。它们像空中美丽的画卷。我们新近的行动——我们现在手头的事务就不是这样。对于这,我们不大有能力推究。我们的感情还在里面流通。我们对它既无感觉,又无知觉,就好像我们对身上的手脚、大脑没有感觉一样。新的作为还是生活的一部分——有一段时间仍然沉浸我们无意识的生活中。在某一观照的时刻,它像一颗熟透了的果实脱离生活,变成心灵的一个思想。转眼之间它高升,变形;这必朽坏的变成不朽坏的。[①]现在它总是一件美的物体,无论它的来历和环境是多么地卑贱。再看看预知这种举动决无可能。在幼虫状态时,它不会飞,它不发光——它是一只不起眼的幼虫。然而,突然之间,不知不觉,这同一个东西展开了美丽的翅膀，成了一个智慧天使。因此在我们个人的历史中，每一件事实，每一起事件，或迟或早必将失去它附着性的、无自动力的形式，脱离我们的身体飞入云霄，让我们惊愕不置。摇篮与幼年，学校和操场，对顽童、狗和戒尺的惧怕，对小姑娘和草莓的喜爱，还有一度填满整个天空、现在已经烟消云散的另外许许多多的事情；亲朋好友、职业党派、城镇乡村、国家世界，也必将远飞高歌。

当然，谁竭尽全力投入正当的行动，谁就会有智慧最丰富的回报。我不愿意将自己关在这种行动的世界之外，把一棵橡树移植进一只花盆，让它在那里挨饿萎谢；也不相信某种单一才能的收益，把思想唯一的矿脉究尽，像萨沃伊②人那样。他们为全欧洲雕刻牧羊人、牧羊女和抽烟的荷兰人，以此谋生，直到有一天他们进山寻找木料，结果发现他们已经把最后一棵松树砍光了。我们有许多作家，他们把自己的矿脉写光了，于是在一种值得称道的深谋远虑推动下，或者远航到希腊或巴勒斯坦，或者跟随猎人进入大草原，或者周游阿尔及尔，以补充他们的货源。

哪怕是仅仅为了语汇，学者也要渴求行动。生活是我们的字典。参加农村劳动；在城镇——对工商业深入了解，与男男女女推心置腹地交谈，研究科学，献身艺术，从事这一切，光阴都没有虚度，目的只有一个：掌握一种语言，用它来阐明、体现我们的感知。从一个人言词的贫乏或多彩，我就立即了解到他的生活多深多浅。生活在我们身后，像个采石场，我们从那里为今天的砖石工程找砖瓦，取石头。这就是学习语法的途径。学府和书本只不过是摹仿田间和工场制造出的语言。

然而,**行动的最终价值,恰如书本的最终价值,而且胜似书本,就在于它是一种资源**。自然中波动起伏的伟大原则在呼气和吸气、在欲求和满足、在海潮的涨落、在日夜的交替、在冷热的更迭中表现出来,而且更深地嵌入每一个原子和每一种流体之中,这一原理在"两极对立"的名称下为我们知晓——牛顿所称的这些"轻松传输与反射的一次次阵发"是自然的法则,因为它们就是精神的法则。

　　心灵时而思想,时而行动,每次阵发是另一次的复制。当艺术家耗尽他的素材时,当幻想不再绘画时,当思想不再理解、书成了一种厌倦时——他总有生活下去的资源。人格高于智能。思想就是功能。生活就是功能的实施者。流可溯其源。伟大的灵魂不仅是思想的强者,也是生活的强者。难道他缺乏传达真理的器官或手段? 他还可以依靠这种实践真理的基本力量嘛。这是一个完整的行动。思想只是部分的行动。让正义的光彩在他的事务中闪亮吧。让爱心的美给他的茅屋送去欢乐吧。那些跟他一起居住和行动的"无名"之辈将在当代的行为与沟通中感受到他的品格的力量,那是任何当众作秀无法衡量的。时光将会教他明白学者不能坐失常人生活的分分秒秒。在这里他展开了他那严加呵护未受影响的本能的神圣胚芽。在表象中失去的又在实力中得到。破旧立新、鼓舞人心的巨人并不出自那些系统的教育将其学养穷尽了的人,而阿尔弗雷德③和莎士比亚最终出自无人问津的野蛮天性,出自可怕的德鲁伊特④和狂暴武士之中。

　　劳动对每个公民都有尊严和必要,因此当我听到人们说起这一点时,便感到由衷的高兴。无论对于文化人还是大老粗,锄头与铁铲里都有美德。劳动无处不受人欢迎，我们总是受邀去工作，但务必注视这么一个限度：一个人不可为了更广泛的活动而牺牲主见，去迎合流行的判断和行为模式。

行为尽管千变万化，但是总会有一种一致性，这样，每一个行动在它们关键的时刻都显得又诚实又自然。因为行为不管看上去怎样千差万别，但由于出于一个意愿，因此仍将表现得非常和谐。那种差异在思想保持一定距离、一定高度时，就看不出来了。一种趋势把它们都联为一体了。最好的船只的航程也是千曲百折的。如果从远处看这条航线，它就变直，接近了平均趋势。你真正的行动会把自己解释明白，还会把你其他真正的行动解释明白。你的顺从却什么也解释不了。独力行动吧，你独立的所作所为现在就会证明你是正确的。伟大则求助于未来。如果我今天非常坚定，把事情做对了，并且瞧不起人们的眼光，那说明我以前一定做对了很多事情，为的就是现在为自己辩护。**不管将来如何，现在把事做对。**

真正的行动存在于寂静的时刻。我们生活中值得纪念的日子并不存在于我们选择职业、我们结婚、我们就职之类的看得见的事实里，而是存在于我们散步时在路边产生的一种默想里；存在于修正我们的整个生活方式，并且说"你已经这样做了，不过这样更好"的一种思想里。我们的余年就像奴仆一样，服侍着这种思想，而且根据它们的能力，贯彻它的意志。这种修正是一种恒定的力量，它作为一种倾向贯穿我们的一生。人的目的，这些时刻的目标，就是使日光射穿他，让规律不受阻碍地穿透他的全身，这样你的眼光无论落到他所作所为的哪一点上，它都要如实报告他的性格，不管是他的饭食、他的住宅、他的宗教仪式、他的社交、他的欢乐、他的选举，还是他的反抗。现在他不是单一的，而是复杂的，所以光线穿不过去了，没有透光之孔。⑤然而观察者的眼光感到迷惑，因为发现了许多不同的倾向和一种尚未一致的生活。

我们知道每个行动的始祖就是一种思想。贫困的心灵觉得自己什么都不是，除非它有了一种外在的标志——某种印度人的饮食，或者贵格会的服装，或者加尔文派的祈祷会，或者慈善团体，或者一大笔捐赠，或者高级职务，要不，无论如何也是某种放肆的对比行动，证实它总是有点儿来头。富有的心灵躺在阳光下睡大觉，它就是大自然。思想就是行动。

如果我们必须要有伟大的行动，先让我们使我们自己的行动伟大起来。一切行动都具有一种无限的灵活性，最渺小的行动也允许充满天上的空气，直到它使日月黯然无光。让我们以忠诚来寻找一种安宁吧。让我重视自己的职责吧。

---

① 参见《圣经·新约·哥林多前书》第 15 章第 54 节。
② 现在是法国东南部的一个省,当时由法意两国分管。
③ 阿尔弗雷德(849—899),最伟大的撒克逊国王,爱国者,立法者,英国散文之父。
④ 古代凯尔特人中一批有学识的人,担任祭司、教师、法官,或当巫师、占卜者等。
⑤ 透光之孔:这里指窗户。

论历史

    这个世界之所以存在，就是为了教育每一个人。历史上没有一个时代，没有一个社会形态，没有一个行为方式，不跟每个人的生活有某种相符之处的。每一件事物都倾向于用奇妙的方式缩略自己，并把自己的优点贡献给每一个人。他应当看到他可以亲身体验历史。他必须足不出户，免受国王、帝国欺凌之苦，却知道他比世界上的一切地理、一切政府都要伟大；他必须把普通读史的观点从罗马、雅典和伦敦转移到自己身上，他必须确信他就是法庭，如果英国或埃及有话要对他说，他就要审判这个案件；如果没有，就让它们永远保持沉默。他必须养成并保持那种高尚的见地，事实从此透露出它们秘密的含义，诗歌与编年史也会如此。在我们利用重大的历史记载的时候，心灵的本能、自然的目的就会暴露无遗。时间把事实峥嵘的棱角化为闪光的以太。没有一个铁锚，没有一个巨缆，没有一个篱笆会使一个事实永远也是一个事实。巴比伦、特洛伊、推罗、巴勒斯坦，甚至早期的罗马，都已经快成为虚构的故事了。伊甸园，日头停在基遍，①后来已成为世界各国的诗歌了。当我们已经把事实制成一个星座挂在天空，当成一个不朽的标志时，谁还管什么事实呢？伦敦、巴黎、纽约必须走同一条路。"历史是什么？"拿破仑说，"不过是约定俗成的一则寓言罢了。"我们的生活四周点缀着埃及、希腊、高卢、英国、战争、殖民化、教会、法庭、商业，就像点缀着许多花朵和杂乱无章的装饰品，有的严肃，有的轻佻。对于这些，我无意再做更多的标榜。我相信永恒。我能够在自己的心灵里发现希腊、亚洲、意大利、西班牙和英伦三岛——每个时代和所有时代的天才和创造原理。

我们总是在我们私人的经历中提出引人注目的历史事实，并且就地加以证实。这样，一切历史都变成主观的了。换句话说，严格地讲，没有历史，只有传记。每一个心灵必须亲自吸取全部教训——必须重温全部课题。凡是它没有看见的，凡是它没有经历过的，它就不会知道。为了便于掌握，以前的时代已经把一些东西概括为一个公式或一条法则，可是那条法则被一堵墙阻隔着，每个心灵就没有机会亲自加以检验，从中得到裨益。在某种场合，某个时候，心灵将会要求补偿这一损失，并且会得到补偿，办法就是亲手干一干这项工作。弗格森所发现的许多天文学上的东西都是人们早已熟知的。然而他本人从发现中得益匪浅。

历史必须如此，否则它就不值一提。国家制定的每一条法律都表明了人性中的一件事实，如此而已。我们必须在自己身上看到每一件事实必不可缺的理由——看出它能够怎样，必须怎样。

历史的同一性都是内在的,多样性都是明显的。表面上有层出不穷的事物,核心里却只有简单明了的原因。一个人的行为何其多,但我们从中认出的却是同一种性格!看一看我们有关希腊天才的信息来源吧。我们有希罗多德、修昔底德、色诺芬和普鲁塔克所撰写的那个民族的文明史,详尽地描述了他们是什么样的人,做过什么样的事。我们看到同一民族心灵又一次表现在他们的文学里,也就是史诗、抒情诗、戏剧和哲学里,这是一套非常完备的形式;我们发现这种心灵又一次反映在他们的建筑里,它本身就是一种有节制的美,局限于直线和方块——一种建造组合成的几何图形;我们发现它又一次表现在雕刻里,那是"欲言又止的舌头",丰富多彩的形态,自由奔放的动作,而又不触犯那理想的宁静,犹如善男信女们在诸神面前表演某种宗教舞蹈,虽然疼痛得直发痉挛,或者在殊死地拼搏,决不敢在他们舞蹈的造型和礼仪上出现破格行为。这样,关于一个杰出的民族的天才,我们有一种四重的表现:对于感官来说,还有什么能比一首品达的颂歌、一尊大理石半人半马怪兽、帕台农神庙的石柱和福西翁②临终的行为更风马牛不相及的呢?

　　每一个人一定观察过一些面孔与形体,它们虽然没有相似的特征,却给观察者留下一种相同的印象。某一幅画或一本诗集,即便它没有唤起一连串的形象,也会添加一种山野漫步之类的情趣,虽然对我们的感官来说,这种相似之处绝不明显,但它是玄妙莫测,不可思议的。大自然只是对寥寥几种法则无休无止地加以组合和重复。她哼着那支古老的名曲,只是调子变化无穷而已。

　　大自然的全部作品充满了一种崇高的家庭类似;她喜欢在最出人意料的地方表现出一种相似,使我们惊讶不已。我看见过森林里的一位老酋长的头,它立即使我想起一座光秃秃的山顶,额上的一条条皱纹使人联想到一层层的岩层。有些人的仪态具有一种本质上的华贵,就像帕台农神庙中楣上简朴而又使人肃然起敬的雕像和最古老的希腊艺术的遗迹。各个时代的书籍中都可以发现同样格调的作品。圭多的壁画《曙光女神》③只不过是一个清晨的遐想,就像画里的骏马只不过是清晨的一朵云霞一样。如果有人不怕麻烦,愿意观察他在某种心情中乐意做和不愿做的种种活动,他就会看到这条近似链有多么粗厚。

　　总而言之,历史怎么读,怎么写,都要根据这两种事实,也就是说,心灵为"一",自然是它的伴随物。掌握这一点也就够了。

　　这样,灵魂便千方百计为每一个学生浓缩、再现它的宝藏。学生也应当体验经历的整个过程。他应该把自然的光芒集中到一个焦点上。历史不再是一本沉闷的书。它将体现在每一个明智的人身上。你用不着一一告诉我你读过什么书,用什么语言写的,书名是什么。你应该让我感觉到你经历过哪些历史时期。一个人应当是名人殿。他应当像诗人们所描写的那个女神一样,穿着一件画满了神奇的事件与经历的长袍走来走去——他自己的体形和面目由于具有高超的智力,就应当是那种五彩斑斓的内衣。我将在他身上发现"史前世界"，在他的童年中看到"黄金时代"、"知识的苹果"、"阿耳戈英雄的远征"、亚伯拉罕的天命、圣殿的修建、"耶稣的降临"、"黑暗时代"、"文艺复兴"、"宗教改革"、新大陆的发现、新科学和人身上的新领域的开发。人应当是潘的祭司，应当把晓星的祝福和天上地下一切有记载的福利带进寒舍。

我们必须把我们的历史写得更加博大精深——从一种伦理改革出发，从灌输一种万古常新、疗效无穷的良心开始——如果我们要更加真实地表现我们关系广泛的中心性格，而不是表现我们着眼过久的这个记录自私与骄傲的陈旧年表的话。对我们来说，那一天已经存在，它的光辉照耀着我们，只是我们不知不觉罢了。然而科学与文学之路并不是进入自然的途径。与解剖学家或文物工作者相比，白痴、印第安人、儿童、未上过学的农家子弟，倒是站得离那借以阅读大自然的光照更近些。

---

① 《圣经·旧约·约书亚记》第 10 章第 12 节记载：以色列先知约书亚向上帝祷告，"日头啊，你要停在基遍……"
② 福西翁（前 402—前 318），雅典政治家，将军。
③ 意大利 17 世纪画家圭多·雷尼的作品《曙光女神》之复制品，作为托马斯·卡莱尔的礼物，悬挂在爱默生的客厅里。

论独创与广博

    伟人的特点与其说在于独创,毋宁说在于广博。如果我们要求的独创就是像蜘蛛那样,从自己的内脏里编织出自己的网,就是先找泥巴,再造砖,最后修建房屋,那么,没有一个伟人能具有独创性。有价值的独创并不在于跟他人迥然不同。英雄就在如潮的骑士中,就在纷繁的事件中。由于看到了人们之所想,由于跟他们有着共同的渴望,他便把眼光适当地放远一点,把手臂适当地伸长一些,以便达到预期的效果。最伟大的天才是受惠于他人最多的人。诗人决不是这样一种昏头昏脑的人:先想到什么就说什么,就因为他什么都说遍了,因此总算说到了一点好处。不,诗人是与他的时代和国家声应气求的一颗心。在他的创作中没有什么想入非非的东西,而只有甜美和忧伤的认真,充满了最重要的信仰,指向最坚定的目标,这都是他那个时代的任何人、任何阶级所了解的。

    我们生活中的天才都是妒忌个人的,不愿意让任何个人伟大,除非通过总体表现出他的伟大。对于天才没有选择的余地。一个伟人并不是一朝醒来就说:"我充满了生命力,我要漂洋过海,我要发现一个南极洲,今天我要把圆变方,我要搜索植物,替人类发现一种新食物,我的脑海里有一种新的建筑,我预见到一种新的机械能。"不,他只是发现他置身于思想和事件的河流里,被同时代人的观念和需要推向前去。众人的眼睛朝哪条路看,他就站在哪里,众人的手向哪个方向指,他就应当朝哪个方向走。教会把他在仪式和盛典之中树立起来,而他却实施教会的音乐给他的劝告,建立了一个教会的圣歌和行列所需要的大教堂。他发现一场战争在激烈进行。战争用号角在兵营里教育了他,他进一步改善了那种教导。他发现两个国家摸索着把煤炭、面粉、鱼从出产地送到消费地去,他便想到了一条铁路。每一位大师已经发现他的原料搜集好了,而他的力量就在他对他的人民的同情里,就在他对他所利用的原料的喜爱里。多么节约能量啊!怎样补偿了人生的短促啊!一经他的手,万事都能成。在他的道路上世界就把他带了这么远。在他之前人类已经鼓足了干劲,挖山填沟,架桥过河。男人、国家、诗人、工匠、妇女,都在替他工作,他也参加了他们的劳动。如果从潮流里面,从民族感情和历史中间挑选出另外一样东西,他就必须独自去干,他的精力就会花在最初的一些准备中。人们几乎要说,显示天才的伟大力量根本不在于独创,而在于全盘接受,在于让世界做一切,让时代精神畅通无阻地穿过心灵。

一个人一旦显示过他有独创的才能,他就有资格从别人的作品那里任意剽窃,实际上已经成了文学上的一种规矩了。思想就是能够接受它的那个人的财产，也是能够适当安置它的那个人的财产。利用借来的思想也显示出一定的笨拙，然而，一旦我们学会了怎么处置它，它就变成我们自己的了。

所以，所有的独创都是相对的。每一位思想家都是回顾性的。立法机关的有识之士，无论在威斯敏斯特，还是在华盛顿，都是替千千万万人说话、投票的。如果给我们看看全体选民，看看使参议员意识到选民愿望的现在看不见的渠道，也就是那些讲究实际、学识渊博的群众，他们通过通信和谈话正在给他提供证据、轶事和估价，那就会使他的优雅态度和反抗丧失他们的些许难忘印象。罗伯特·皮尔爵士和韦伯斯特先生替千千万万人投票，同样，洛克和卢梭替千千万万人思想；同样，荷马、摩奴、萨迪或弥尔顿周围有他们取之不尽的源泉；朋友、情侣、书籍、传说、谚语——全部烟消云散了——如果被人看见，就丧失其神奇色彩。诗人以权威的口气在说话吗？他感到自己被同伴胜过了吗？呼吁就是针对作家的意识的。他的胸中是否终究会有一个得耳福①，遇到思想和事物可以向它询问是否真是这样，是呢还是否呢？会有回答吗？能靠得住吗？那样一个人所受别的智慧的一切惠，永远也不会扰乱他的独创意识，因为书籍的帮助，别的心灵的帮助，对他所交谈的最私密的现实来说，只是一缕青烟。

世界上天才的杰作或壮举，不是一个人的功劳，而是在万众一心的情况下通过广泛的社会劳动取得的，这是显而易见的。

《吠陀》、《伊索寓言》、《比德培寓言》、《天方夜谭》、《熙德》、《伊利昂纪》、《罗宾汉》、《苏格兰吟游诗人歌集》等都不是某一个人的作品。在写作那样的作品时,时代在思考,市场在思考,石匠、木匠、商人、农民、花花公子都在替我们思考。每一本书都给它的时代提供了一句良言,提供了每一种国内法,每一种行业,每一种当代的愚蠢行为,而普遍的天才不害怕也不羞于把他的独创归功于所有的人的独创,到了下一时代,那就成了他自己的独创的记录和体现了。

论理想与现实

　　肯定一切的冲动所遇到的主要阻力、而且是一个包罗万象的阻力，就在物质世界幻觉说中。一种令人痛苦的谣言广为流传：在人生的一切主要表现中我们都被欺骗了，"自由行动"完全是一句空话。我们泡在空气、食物、女人、孩子、科学事件里，被麻醉了，这一切使我们无所作为。人们抱怨说，数学使人的心灵仍在原地踏步，一切科学莫不如此；一切事件，一切行动也是这样。我发现一个人尽管学过了所有的科学，他仍然是从前的那个大老粗；尽管他担任过种种职务，有学术的，有行政的，有社会的，但我还能看见原来的那个孩子。我们仍然被迫献身这一切。上帝是一种物质，他的方法就是幻觉，实际上，我们会把这种情况当成我们教育状况的定律和定论而慢慢接受下来。东方的哲人承认瑜伽尼德拉女神，是毗湿奴巨大的虚幻力量，她欺骗了全世界，人们却一无所知。

　　或者，我是不是可以这样说呢？——人生之所以令人惊愕，就是因它的理论与实践完全对立。理性，捕获的现实、法则，有时候人们对它恍然大悟，那只不过发生在跟它没有直接关系的忙乱中的一刻清静深刻的瞬间——然后又是数月乃至数年的迷惘，尔后又明白过来，仍然转瞬即逝，所以又得而复失。如果我们按时间计算，我们在五十年里也许只能保持五六个小时的理性。可是这对那些忙乱会有多大的改善呢？世界上的条理我们看不出来，看见的只不过是这种大与小的平行，因为它们从不相互起作用，也没有发现一点集中的倾向。经验、财产、管理、阅读、写作，都毫不相干，就像一个人走进屋子，看不出他吃的是甘薯还是野牛——反正他已经从米里或者从雪里设法得到了他所需要的那么多筋骨。法则像天空一样广大，人的作为就像下面的蚂蚁一样渺小，二者太不相称了，因此，一个人是一个要人，还是一个酒鬼，都不像我们说的那么重要。我能不能再说一下这个使合作不可能进行的惊人的不相往来的法则，权当玩弄一下这个魔术？年轻的精神渴望进入社会。然而文化和伟大的条条道路都通向幽禁。于是他屡屡受挫。他不指望乡村匹夫会同情他的思想，于是就带着它去见高雅睿智之士，结果非但没有发现知音，反而只遇到误解、厌恶和嘲弄。人们不合时宜，使用不当，真令人感到奇怪；每个人的卓越是一种熊熊燃烧着的个人主义，把他隔离得更远。

夏尔·傅立叶宣称，"吸引人的事物跟人的命运是相称的。"换句话说，每一种欲望都预示着它会得到满足。然而，一切经验都表明事实与此恰恰相反，力不胜任是年轻热忱的心灵的普遍悲哀。他们指责天意未免有点吝啬。天意把天地展示给每一个孩子，给他填满了一种渴求一切的欲望、一种激烈无限的欲望、一种像空间要求被星球填满那样的饥饿、一种像魔鬼要求灵魂那样的饥饿的呼叫。至于满足——每人每天只给一丁点儿，一滴可以活命的露珠——只像空间那样大的杯子，里面只有一滴活命水。每个人早晨醒来，有一个可以把太阳系当成一块蛋糕吞下去的胃口，有一种准备行动的精神和无边无际的热情，他可以伸手去摘启明星，他可以和万有引力或化学变化决一胜负，然而，他刚一行动，准备证实他的力量——手、脚、感觉，都不争气，不肯为他卖力。他成了一个被他的属国抛弃了的皇帝，只好一个人自吹自唱，要不就挤进一群皇帝中间，大家都来自吹自唱，这时海妖塞壬仍在歌唱，"吸引人的事物跟命运是相称的。"在每一个家里，在每一个少男少女的心里，在升天的圣徒的灵魂里，都可以发现这个鸿沟——横在理想能力的最大的希望和可怜渺小的实际经历之间。

真理的扩张性能前来援助我们，它富有弹性，什么也包围不住。人则用更大的概括来帮助自己。人生的教训实际上就是概括，就是相信年月和世纪所说的反对时刻的话，就是抵抗细节篡位，就是看穿它们的普遍意义。事物表面上说的是一回事，实际上说的却完全相反。外表是不道德的，结果则是道德的。事物似乎趋于下降，似乎在证明消沉有理，似乎在长恶棍的志气，灭义士的威风，恶棍和先烈同样都在推进正义的事业。虽然恶棍在每一场政治斗争中获胜，虽然社会似乎从一伙罪犯的手中转移到另一伙罪犯的手中，像政府的更迭一样迅速，而且文明的前进只不过是一连串的罪恶行径，然而，总的目标还是达到了。我们现在看到是种种强迫发生的事件，它们似乎阻碍或逆转了各个时代的文明。然而世界精神是一名游泳健将,狂风暴雨、惊涛骇浪淹不死他。他对法律嗤之以鼻,所以,古往今来,天国似乎总是喜欢卑鄙拙劣的手段。一年又一年,一个世纪又一个世纪,通过邪恶的代理人,通过点点滴滴的琐事,一种伟大、仁慈的倾向以不可抗拒之势向前奔流。

让一个人学会在短暂无常中寻找永久,让他学会容忍他一贯敬重的事物的消逝,而仍然不失敬重之情;让他知道他在这儿不是工作的主导,而是工作的对象;还要知道:虽然深渊之下还是深渊,看法以后还有看法,然而万事万物最终还是包含在"永恒的起因中"——

如果我的小船沉没,那只是到了另外一个海洋。

论自然法则与精神法则

在这个明媚的夏天,吸进生命的气息已经是一种奢侈的享受了。草木生长、花蕾绽放,草地点缀着繁花的火红与金黄的色彩。空中百鸟飞翔鸣唱,松树、胶杨和新的干草的香甜弥漫四方。夜给人心里送来的不是幽暗,而是它受人欢迎的阴凉。透过透明的薄暗,星星泻下的简直是灵光。星星照耀下的人似乎是一个儿童,他的那个巨球好像一个玩具。凉爽的夜好像用一条河沐浴着世界,又让自己的眼睛做好准备迎接殷红的曙光。自然的神秘得到了空前惬意的展示。粮食与美酒大量分发给众生,古老的赐予前进时保持的永远的沉默尚未做出一句说明。人们不得不崇敬这个世界的完美,在这里我们的感官交流着。何其广阔,多么富饶,每一种财产对人的每一样才能发出多么恳切的邀请!在它丰饶的土地上,在它通航的海洋里,在它金属与岩石的崇山峻岭中,在它万木生长的森林里,在它种类繁多的动物身上,在它的各种化学成分里,在光、热、引力和生命的力量与路线中,完全值得伟人们呕心沥血去征服它,享用它。种植者、机械师、发明家、天文学家、城市建设者、船长,都会功垂青史,彪炳日月。

然而,心灵一旦敞开,揭示穿越宇宙的种种法则,还事物的真实面目,大千世界就立即缩成这个心灵的一个图解和寓言。我为何物? 存在的是何物? 人的精神发问,带着一种新近点燃而又永远不会扑灭的好奇。看这些超越一切的法则,我们不完美的领悟能力可以看见它们想走这条路,想走那条路,但没有形成一个完满的圆。看这些无限的关联,如此酷似,如此迥异,貌似多,实则一。我要研究,我要知道,我要永远赞赏。思想的这些作品已经成为千秋万代精神的娱乐。

　　当人的心与脑向美德的情感敞开时,一种更加秘密、更加甜美、气贯长虹的美便向他显露出来。于是他得到点拨,茅塞顿开。他得知他的存在是无限的,他是为善、为完美而生的,尽管他眼下在邪恶与软弱中隐伏。他所崇敬的仍然是他自己特有的,尽管他还没有意识到它。他应当。他知道那个大字眼的意义,尽管他的分析完全无法将它解释明白。在无知的时候,或者在依赖理性感知的时候,他可以说——"我爱'是';'真'无论在内还是在外永远都是美的。美德,我是你的:拯救我,使用我,我愿意为你服务,夜以继日,在伟大时,在渺小时,这样,我可能不是有德的,但就是美德"——于是创造的目的达到了,上帝高兴了。

　　美德的情感是对某些神圣法则存在表现出的一种尊敬和欣喜。它觉察到我们玩的这种家常的生活游戏,把令人吃惊的原则盖在貌似愚蠢的琐细下面。孩子在他的小玩意儿中间学习光、运动、重力、体力的作用;在人生的游戏中,爱、惧、正义、欲望、人,以及上帝都在相互作用。这些法则是无法被陈述得恰如其分的。它们不会被我们或为我们写在纸上,嘴也说不明白。

我们苦思冥想也对它们无可奈何,然而,我们时时刻刻在彼此的脸面上,在相互的行动上,在我们自己的懊悔上读到它们。被统统化成球状进入我们每一个有德的行为和思想的那些道德特点——在言谈中,我们必须借助煞费苦心地罗列许多具体事例来区分、描述或揭示。

　　我们吃地里长的粮食。我们呼吸我们周围流动的空气,我们也受到太冷或太热、太干或太湿的空气的伤害。来的时候显得空荡虚幻、不可分割、十分神圣的时间却被撕得鸡零狗碎,倒腾掉了。门要油漆,锁要修理。我需要木头、麦片、油、盐;房子冒烟了,或者我患了头痛;然后要纳税;还有一件事要跟一个没有心肝、没有头脑的人打交道;回忆起一句逸言或一句十分尴尬的话使人痛心——这些都把时光吞噬掉了。做我们力所能及的事吧,夏天就会有苍蝇,如果我们在林中走路,难免要受蚊虫的叮咬;如果我们去钓鱼,就要有溅湿衣服的思想准备。所以气候对无所事事的人来说是个拦路虎;我们常常下决心不再操心天气,可是我们仍然要注意天阴下雨。

　　我们被这些侵吞时刻年月的琐碎的经历引导着。每年四个月的冰天雪地使北温带的居民比享受热带地区四季温煦的他的同类聪明能干。岛上居民整天可以随心所欲地漫游。天一黑,他可以在月光下的一块垫子上睡眠,凡是有野枣椰子树生长的地方,大自然甚至连一句祷告也不要,就已经为他把早餐摆好。

北方人身不由己要死守在家里。他必须酿呀，烤呀，腌呀，贮存食物，堆积柴禾和煤炭。然而，巧就巧在：哪怕举手之劳，也要跟大自然产生某种新的结识；而且由于大自然神通无边，这种气候条件下的居民已经大大地胜过南方人。这一类事情的价值是如此之大，以至于一个了解别的事情的人对这一类事总是不甚了了。让他具有精确的知觉吧。如果他有手，就让他动手做事吧；如果他有眼睛，就让他测量辨别吧；让他把化学、自然史和经济学的每一件事实都接受、贮存下来吧；他拥有的越多，他愿意破费的就越少。时间总是带来一些揭示它们的价值的机会。某些智慧来自每一种非常自然和单纯的行动。热衷于家务的人爱音乐不如爱厨房里的那只钟，不如爱木头在壁炉里燃烧时对他唱的歌儿，他的欣慰是别人做梦也想不到的。为达到种种目的而采取的种种手段保证了胜利和胜利之歌，在农场和店铺里并不比在政党或战争的策略中表现得逊色。节俭的管家在小棚里捆柴禾、在地窖里藏水果时发现的方法跟伊比利亚半岛战役和国务院档案中发现的一样有效。在下雨天，他造一个工作台，或者把他的工具箱摆到谷仓的角落里，里面装着钉子、手钻、钳子、改锥、凿子。在这里他尝到了一种昔日青年时代和童年时代的欢乐，尝到了像猫一样对阁楼、橱柜、谷房的喜爱，尝到了对长期管家的诸多便利的暗暗的喜爱。他的花园或鸡鸭场会告诉他许多逸闻趣事。在这个美好的世界的每一个角落，都有这种欢乐的蜜糖源源流淌，人们可以从中发现赞成乐观主义的理由。让一个人遵守法则——任何法则——他就会一路顺风。在我们的欢乐中，质的区别比量的区别更多。

我们的行为应当严格地以我们的物质为基础。在大自然里，没有错误的估价。一磅水的重力在海洋的狂风暴雨中并不比在一个仲夏的池塘里大。万物完全按照它们的质，按照它们的量在发挥作用；不做力不胜任的事，只有人除外。人总是装腔作势，他总希望尝试力不从心的事情。

　　对心灵的诸多影响中最早的、最重要的非自然的影响莫属。每一天，太阳照耀；日落以后，黑夜降临，繁星闪现。风永远在吹，草总是在长。每一天，男男女女在交谈，在观看，也被观看。面临如此壮观的景象，学者应当伫立凝神，遐思悠悠。他必须在自己的心灵里确定景观的价值。对他而言，何谓自然？上帝的这张网绵延不断，不可理喻，无始无终，然而总有循环往复的力量回到自己身上。就此而言，自然绝像学者自己的精神，他永远都找不到它的始，它的终——它是那样浑然一体，那样无边无际。在遥远的地方，当自然辉煌闪耀，星系连着星系，像光芒一样射出，向上，向下，没有中心，没有周边之时——无论以巨大的整体，还是以细小的微粒，它也是急着向心灵表白自己。开始分门别类了。对年轻的心灵，每一件事物都是单个的，独立的。不久，它发现怎样才能把两件事物并到一起，并看出了两件事物，一个性质；然后是三件，再后是三千件；受到自己的一体化本能的压迫,它继续糅合万物,消除异常,发现在地下的蔓延的根柢,凭什么对立而远离的事物融会聚合,凭什么茎上能长出花朵。它很快得知,从历史的曙光初现之日起,对事实的积累和分类一直在进行。然而何为分类,不就是察觉这些物体不混乱,也不怪异,而是存在着一条也是人类心灵的法则的法则吗?天文学家发现几何学——人类心灵的一种纯粹的抽象,就是对行星运行的测量。化学家发现物质中无处不有比例和纯概念性的章法;科学不过是在最不相干的部分中发现类似,找出同一。雄心勃勃的灵魂在每一个顽固的事实面前坐下;逐一将一切奇异的结构、一切新颖的能量,分出类别,归出法则,并继续借助洞见,激活组织的每根纤维,自然的各个边缘。

这样,对他,对岁月穿隆下的这名学童有了这么一种提示:他和这穿隆是同根所生,一个是叶,一个是花;同脉共振,同气相求。那根为何物?不就是他的灵魂的灵魂吗?——一个过于大胆的思想——一场过于狂野的梦。然而当这种精神的光芒将来揭示了更加凡俗的诸多自然现象的法则之时——当这名学童学会崇拜灵魂、发现时下的自然哲学只不过是灵魂的巨手的初步摸索之时,他将会像盼望一位动人的创造者那样盼望一种不断博大精深的知识。他一定会看到自然是灵魂的对应,二者处处投契。一个是印章,一个是印迹。自然的美就是他自己心灵的美。自然的法则也是他自己心灵的法则。于是自然变成了他量度自己成就的标尺。他对自然多一分无知,就对自己少一分掌握。总而言之,古训"认知自己"与今嘱"研究自然"最终变成了一个箴言。

大自然在连续的层次上不断重复自己的手段。用那句古老的格言来说,大自然总是像她自己。在植物中,芽眼或芽点萌生了一片叶子,随后又萌生了一片叶子,具有把叶子转变成胚根、雄蕊、雌蕊、花瓣、苞片或萼片或种子的能力。植物的整个技艺仍然是没完没了地在叶子上重复叶子,热、光、水分和营养的多少决定了它要采取的形式。在动物中,自然创造了一个脊椎或者脊柱,并且还借助于一个新的脊柱用一种更改它的形式的有限能力帮助自己——永远在脊椎上加脊椎。我们当代的一位富有诗才的解剖学家教导我们说蛇是横线,人是垂线,所以构成了一个直角;在这个神秘的四分之一圆的两条线中间,所有的动物都找到了自己的位置,这位解剖学家还把毛虫、尺蠖或者蛇看成脊柱的类型或预示。

　　显而易见,在脊柱的末端,大自然伸出两个较小的脊柱当臂膀,在臂膀的末端伸出新的脊柱当手,在另一个末端,她重复了这一进程,作为腿和脚。在中枢脊柱的顶端,她伸出另外一个脊柱,这个脊柱把自己像尺蠖那样蜷起来或拱成一个圆球,这样就形成了脑袋,但是还有末端,手现在成了上颚,脚成了下颚,手指和脚趾这一次就相当于上下牙。这种新的脊椎注定有高超的用途。它是站在前人肩头上的新人。按照《蒂迈欧篇》中柏拉图的观念,它简直可以脱离它的躯干,设法独立生存。在大脑里,在更高的一个层次上,原来在躯干上做的一切又在重复自己。大自然再一次用一种更高尚的心情朗诵她的功课。心灵是一个更精巧的肉体,在一种新的空灵元素里再继续吃喝、消化、吸收、排泄、繁殖的功能。而在大脑里，所有的营养过程在经验的获得、比较、消化、吸收中得到重复。这里又重复着生殖的秘密。大脑里有阴阳两性的功能，有结合，有果实。在这种上升的阶段中，没有限制，只有系列上再加系列。每一种事物的一种用途结束时，就被纳入下一种用途，每一个系列准确无误地重复上一个系列的每种器官和进程。我们适应了无穷。我们很难满意，不爱任何有终结的东西，因为大自然没有终结。然而每一件事物在一种用途终结时，又被提升到一个高一级的用途中去，而这些事物的上升，进入了超凡的、天国的自然。创造力就像作曲家一样，不倦地重复着一种简单的曲调或主旋律，时而高亢，时而低沉，时而独唱，时而合唱，千万次地回荡，直到歌声响彻天地。

　　牛顿所阐明的万有引力是好的，可是当我们发现化学只不过是质量定律向粒子的延伸，原子论表明化学作用也是机械作用时，万有引力就更加伟大了。形而上学给我们显示：一种万有引力也在精神现象中起作用；法国统计学家们可怕的图表把点点滴滴的奇思异想都简化为精确的数字比率。如果两三万人中间有一个人吃皮鞋，或者跟他的祖母结婚，那么每两三万人中都会发现一个吃皮鞋或者跟他的祖母结婚的人。我们所谓的万有引力和想象的终极就是一条我们还没有命名的更大的河流的岔流。天文学是优秀的，但它必须深入生命才具有自己充分的价值，而不可仅仅停留在星球和空间上。血球在人的血管里绕着它自己的轴旋转，就像行星在天空旋转一样。智能的循环跟天体的循环有关。每一条自然法则都有类似的普遍性，吃、睡或者冬眠，旋转、生殖、变形、旋涡运动，在卵里看得见，就像在星球里看得见一样。大自然的这些宏伟的韵律或回返——随时随地，那张亲切的最为熟悉的面孔把我们会吓一跳，因为它戴着一种意想不到的面具，所以我们以为那是一个生人的面孔，而且把伪装带进了神圣的形式。

有机体永恒的法则就是：大的、复合的或者看得见的形式的存在或生存是由小的、简单的、最终是看不见的形式引起的，较小形式的活动跟较大形式的活动相类似，但是更加完善，更加普遍。最小的形式的活动是如此完善，如此普遍，以致包含着一种代表它们的整个宇宙的观念。每一个器官的单位就是那么多的小器官，小器官跟它们的复合体是相似的，舌头的单位就是一个个小舌头，胃的单位就是一个个小胃，心的单位就是一个个小心。这种富有成效的思想提供了一把揭开每一种秘密的钥匙。小得眼睛看不见的东西可以通过集合体来辨认，硕大无朋的东西可以通过许多个体来了解。他对这种思想的运用是无止境的。"饥饿是许多小饥饿的一种集合，或者是全身毛细血管里的血液的损失的集合。"这也是了解他的神学的一把钥匙。"人是一种极小的天堂，与灵界一致，与天堂一致。人的每一种特定的思想，每一种特性，甚至可以说他的特性的每一个最小的部分，都是他的一幅肖像。一种精神完全可以从一种思想中知道。上帝就是伟大的人。"

在自然界,每一个单独的象征起着无数的作用,就像物质的每个粒子依次在每一个体系中循环一样。主要的同一性使每一个象征都能连续表现真实存在的所有的性质和细微的差异。在天水的输送中,每一个软管都跟每一个龙头丝丝入扣。大自然对要束缚她的波浪的死硬学究很快就要报复。她决不是拘泥于字面解释的人。每一件事物必须亲切地接受,我们必须控制我们的局面,好正确理解任何一件事物。

大自然不会成为佛教徒,她厌恶概括,并且时时刻刻用千千万万新鲜的细节羞辱哲学家。概括完全是扯淡,人既是一个整体,又是一个部分,看不到这一点是不完整的。你在华而不实的分类上所讲的,只不过把你分成了你的纲和目。你并没有因为否认部分而摆脱了部分,而是变得更加支离破碎。你是一种情况,而大自然同时是一种情况又是另一种情况。大自然在思想中不会总留在外围,而是闯进了人们的心里;当每一个人燃起个性的怒火,要把万物收入他那可怜的怪念头里的时候,大自然就会把他推出来与另外一个人对抗,并通过许多人再次体现一种整体。她将拥有一切。尼克·波顿①不能扮演所有的角色,不管他怎么干,还要有其他人,世界才会圆满。万物必须按照自己的材料开出美丽的、较粗的或较细的花朵,或者取得那样的成果。

他们互相宽慰，互相引荐。社会的健全是千种癫狂的一种平衡。大自然惩罚抽象主义者，只会原谅一种罕见的偶然的归纳。

目的与手段，赌徒与赌博——生活就是由这两股和睦力量的混合和反作用构成的。二者的结合先前显得不伦不类，因为它们彼此否定并趋向于消灭对方。我们必须尽可能缓解这一矛盾，但是二者之间的分歧与一致把荒谬绝伦的东西引入我们的思想和言谈之中。没有哪句话会包含全部的真理，而我们能够公正的唯一方法是戳穿我们自己的谎言；言谈胜于沉默，沉默胜于言谈。万物都相互关联，每一个原子都有一个斥力范围——事物同时既存在，又不存在——诸如此类，不一而足。整个宇宙，仅仅有一件事，就是这种古老的"两面"，造物主-造物、意识-物质、正确-谬误，凭借这一点，任何命题既可以肯定又可以否定。因此，我非常恰当地断言，每个人都是片面论者，大自然通过自负，通过阻止宗教和科学的倾向，把他作为一种工具牢牢地攥在手里；现在我进一步断言，如果每个人的天才都被亲切地探察过，他的个性便反映出他的正确性，因为人们发现他的天性是漫无边际的；而现在我还要补充一点：每个人又都是一个全面论者，就像我们的地球在绕轴自转的同时，还在宇宙空间不停地绕日公转，同样，地球的最不懂道理的孩子，却最热衷于自己的私事，反而会解决这一普遍性的问题，尽管它好像是在一种伪装下进行的。我们以为人们都是个体，南瓜也是，然而地里的每个南瓜都经历着南瓜史的每个环节。狂热的民主党人,一旦成了参议员或富翁,就会过于成熟,不再可能成为笃实的激进主义者,除非他能抵抗太阳,他在余生中就一定是个保守派。埃尔登勋爵在晚年说:"要是他的生命再次从头开始,就将遭到诅咒,但他要作为一个煽动者开始。"

我们是天生的信徒。能使我们感兴趣的只有真理,或者因果之间的关系。我们相信万物中间贯穿着一根线,所有的世界都像珠子一样串在上面:人物、事物和生命来到我们这里,就是因为那根线的缘故,它们来来往往,只是为了让我们知道那根线的方向和连续。如果一本书和一句话出来表明:根本就没有线,只有杂乱和混沌、一场无缘无故的灾难、一种没有什么道理的繁荣、一个傻瓜变成的英雄、一个英雄变成的傻瓜——那真令人泄气。无论看得见还是看不见,我们相信那种纽带是存在的。才干制造出假纽带,天才则发现了新纽带。我们听科学家的话,因为我们早就预见到他所揭露的自然现象中的关联。凡是有肯定、联系、保存作用的东西,我们都喜爱;凡是能拆散、或摧毁事物的,我们都讨厌。

"现在该你,下次该我",便是这一游戏的规则。这种普遍性由于在初级形式时就受到妨碍,所以便以全面的中级形式出现:这些点连续到达顶点,并借助旋转的速度,一个新的整体形成了。大自然使自己保持完整,并在每个心灵的经历中得到完满的体现。在大自然的大学里,她不允许有任何坐位空着。万物长生不死,只是稍稍退隐一下,随后又返回来,这便是世界的秘密。凡是与我们无关的东西,都对我们隐藏起来。一个人一旦不再与我们现世的福利发生关系,他就被隐蔽起来,或者像我们说的,死了。的确,万物和人都与我们息息相关。但是按照我们的天性,它们不是同时而是一个接一个地对我们起作用,我们一次只能意识到其中一个的存在。这儿有我们已认知的一切人和事物,以及更多的我们没看到的人和事。世界处于饱和状态。正如古人所言,世界是个充实体或实心体。假如我们看见了真正在围绕我们的一切物体,那我们就会被禁锢起来,寸步难行。因为,尽管没有灵魂通不过的事物,万物都能让灵魂通行,就像公路一样,但是这仅仅是在灵魂没有看见它们的时候。一旦灵魂看到任何物体,就在它前面停下来。因此,神圣的天意总是使宇宙从四面八方向灵魂敞开,所以把与某一个灵魂无关的一切设备与人物统统隐藏起来,使此人感觉不到。这个人通过最坚固的永恒事物找到了他的道路,仿佛那些事物过去都不存在似的,就是现在他也根本没有想到它们的存在。一旦他需要一个新物体时,他便会突然看到它,不再企图穿过它,而是另寻蹊径。当他暂时耗尽要从任何人或事物那里吸取的营养时,那个物体便退出他的视线;尽管它仍是他的近邻,但他再也不会想到它的存在。

"同一"，"同一"：友与敌同属一种质料；扶犁人、犁和犁沟，同属一种质料；质料就是这样，又是这样众多，因此形式的变异就无关紧要了。至尊的黑天对一位圣人说："你适合领悟，跟我没有区别。我的本质就是你的本质，也是这个世界，包括它的众神，英雄和人类。人们观照着种种区别，因为他们懵然无知。""我和我的这种词语就构成了无知。什么是万物的伟大目的，你现在必须向我学。那就是灵魂——所有肉体上的一，普遍、统一、完善、卓越，凌驾于自然之上，免除了生、长和衰朽，无处不在，由真知构成，独立，与虚构毫无关系，与名称、种类以及其他一切毫无关系，在过去、现在和未来一直都是这样。知道这种本质为一的精神就在自己身上，也在别的一切人身上，这就是一个知道万物统一的人的智慧。一种扩散的空气，穿过了一只笛子的孔眼，就被看成一个音阶上的一些音符。同样的道理，'伟大精神'的性质是独一无二的，虽然它的形式多种多样，只不过是由行为的后果造成的。一旦那种覆盖一切的形式——如神或其余的形式——的差异消灭了，就不存在任何区别了。"

　　哲学就是人的心灵给自己做出的关于世界构造的说明。根本上永远存在着两种基本事实："一"和"二"——1.统一性或同一性；2.多样性。我们把万物统一起来，就因为我们发现了渗透于万物的那种法则，就因为发现了表面的差异和深层的相似。然而每一种精神活动——正就是这种对同一性或"一"的知觉认出了事物的差异。一和他（oneness and otherness）。如果不信仰二者，就不可能说话、思考。

心灵被促使去要求造成许多结果的一个原因，然后又要求那种原因的原因，然后又是进一步的原因，还在继续探深穷幽，自信它一定会获得一种绝对的充分的"一"——一种必定要成为一切的"一"。"太阳中间是光，光中间是真，真中间是不灭的存在，"《吠陀》上面说。一切哲学，无论是东方哲学，还是西方哲学，都有着同一种向心作用。在一种相反的必然的促使下，心灵又从一返回到那不是一而是他或多的事物中来；从因回到了果；肯定了多样性的必然存在，二者的自我存在，因为彼此都是互相牵连的。分离和调和这些严加混合的成分就是思想的疑难问题。它们的存在是相互矛盾、相互排斥的；而每一个又很快滑入另一个之中，因此我们永远也说不上什么是一、什么不是一。当我们观照着物质表面和极端中的一、真、善时，普洛透斯在最高的地方和最低的地方都一样灵活。

道德情感的直觉是对灵魂的各种法则的完善的一种洞察。这些法则自己推行。它们超越时间，超越空间，不受环境的支配。所以，在人的灵魂里，有一种正义，它的报应是立即而完全的。做了善事的人立即就自行变得崇高。做了缺德事的人受到这一行动本身的压缩。谁脱去不洁，谁就因而披上了纯洁。如果一个人心地公正，那他在这一范围内就是神；神的安全、神的不朽、神的威严就进入那个胸怀公正的人的心田。如果一个人做假、行骗，他就是自己骗自己，就是跟他自己的生命形同陌路。一个眼望绝对的善的人，就会五体投地地去崇拜。所以每向下走一步就是向上迈一步。弃绝自我的人，会因这么做而完成自我。

看看这种快速的内在能量是怎样到处发挥作用的，纠正错误，更正表象，使事实与思想达成和谐一致。它在生活中的运作，尽管迟迟感觉不出来，最终就像在灵魂里运作一样确定无疑。人被它缔造成自己心目中的"天意"，向他的善施善，给他的罪加恶。性格总是尽人皆知的。偷窃决不能发家，施舍永不会致贫，杀人越货哪怕是石墙也会透风。哪怕掺杂一丁点儿谎言——例如，杂有一丝儿虚荣，哪怕要造成一种好印象、一种顺眼的表象的一星儿努力——都会立刻损害效果。然而说真话，所有的天性，所有的精神就会协助你取得意料不到的进展。说真话，所有的活物或兽类都是保证人，地下的草根也好像蠢蠢欲动要为你作证。当法则致力于关爱，变成社会的法则时，你再看看它的完美吧。我们是什么人，我们交往的也会是什么人。同声相应，善趋善；同气相求，恶逐恶。所以出于自愿，灵魂上天堂的上天堂，下地狱的下地狱。

这些事实一直向人表示这样一个崇高的信条：世界不是多种力量的产物，而是一个意志的产物，一个心灵的产物；而那唯一的心灵无处不在活跃，在每一束星光里，在每一丝池水的涟漪里；凡是与那种意志对抗的，处处都会碰壁，受阻，因为事物本来就是这样，没有别的办法。善是肯定的，恶只不过是否定的，不是绝对的；恶就像冷，是热的缺失。万恶简直就是死亡和不存在。善行是绝对的，真实的。一个人有多少善行，他就有多少生命。因为万物皆由这同一个精神而发，它由于用处不同，名称也就不同，有时称之为爱，有时称之为义，有时称之为忍，如同海洋在它冲刷的各个海岸有不同的名称一样。万物皆由这同一个精神而发，万物都跟它通力协作。一个人追求善的目的时，他就得到自然的全力支持，十分强大。在他游离开这些目的的情况下，他就被剥夺了力量，被剥夺了助手；他的生命从所有遥远的渠道退缩回来，他变得越来越小，成了一个微粒，一个点，直到绝对的恶成为绝对的死亡。

我们的生活可能比我们所创造的容易、简单得多；这个世界可能是一个比现在更快乐的所在；不必斗争，不必骚动，不必绝望，不必拧手、咬牙；我们错误地创造出了我们自己的邪恶。我们妨害了天性的乐观，因为无论什么时候我们占据了过去这一优越地位，或者现在具有了一个更加明智的头脑这样一种优势，我们就能够发现我们被自行实施的法则包围着。

如果对我们周围每天发生的事略加思索，我们就会发现：一种比我们的意志法则还要高的法则控制着种种事件。我们辛辛苦苦既没有必要,也毫无结果;只有在我们从容的、简单的、自发的行动中,我们才是强有力的,只有甘心服从,我们才会变得神圣。信与爱——一种信念坚定的爱会解除我们忧虑的沉重包袱。我的兄弟啊,有上帝在。在自然的中心,在每个人的意志之上,有一个灵魂,因此我们谁也不能虐待宇宙。宇宙把它强大的魅力注入自然,因此当我们接受它的忠告时,我们就兴旺发达,当我们竭力伤害它的造物时,我们的手就粘在身体两侧动弹不得,要不就去捶打我们自己的胸膛。事物的整个进程的运行教给我们信仰。我们只需要服从。我们每个人都有一个向导,只要洗耳恭听,我们就会正好听见那句话。你为什么必须煞费苦心地选择自己的地位、职业、伙伴、行为方式和娱乐方式呢?你肯定有一种合理的权利揭开平衡需要和随意选择的序幕。对你来说,有一种现实,有一个恰当的位置和许多相宜的职责。置身于力量和智慧的中流,它会激励它所漂浮的一切人,你不用吹灰之力就被推向真理,推向正义,推向满足。于是你就冤枉了持否定态度的人。于是你就成了世界,成了衡量正义的标准,衡量真与美的标准。如果我们不是因为横加干涉而坏了大事,那么人们的工作、社会、文学、艺术、科学、宗教就会比现在繁荣得多,从世界一开始就预见到,而现在仍然从心底里预言到的天国就会像现在玫瑰、空气、太阳所做的那样,使自己成为一个有机体。

同样一种思想，同样一种纯洁的感情，同样灵敏的智慧，同样迅疾、昂扬、放肆的动作，同样伟大、自信、无畏的心，就能把世界上被视为坚固、宝贵的一切——宫殿、花园、金钱、舰队、王国——统统举到它的爱与希望的波涛上，用它对人们的这些浮华所表现的轻蔑来标志它自己无与伦比的价值——凡此种种都是他的，借助于它们的力量，他唤醒了世界各国。让一个人信仰上帝吧，别信仰名义、地方和人物。伟大的灵魂化为一个女身，穷困、忧伤、孑然一身，转生成某个朵丽或者琼，让它出去当用人、扫房子、擦地板吧，可是它的灿烂的光辉是掩盖不了的，至高无上的优美的行动，人生的顶峰和光辉，就会立即出现，去清扫，去擦洗，于是所有的人都会得到拖把和扫帚，最后，看哪！突然之间，伟大的灵魂把自己奉祀在某种别的形体里，做出了某种别的功绩，它现在就是一切活的大自然的精华和灵长。

　　我们是光度计，我们是计量微量元素积累的灵敏的金叶和锡箔。真正的火的真实效力我们是通过它的千千万万的伪装知道的。

---

① 尼克·波顿，为《仲夏夜之梦》剧中的织工，他和他的工匠朋友为忒修斯公爵演出了《皮拉摩斯和提斯伯》这出戏。